부동산의 미래: 프롭테크

부동산의 미래: 프롭테크

이상빈 지음

프롭테크가 여는
부동산 신기술의 세계

쌤앤파커스

"부동산의 미래를 가장 생생하게 기록한 책"

임채욱 한양대 도시대학원 겸임교수, 지에이치파트너즈㈜ 대표이사

부동산 자산 관리 분야에서 일하는 나는, 양질의 데이터를 어떻게 구축하고 활용하느냐가 부동산 산업에서 비즈니스를 성공시키는 매우 중요한 변수라고 믿는다.

이를 깨닫게 된 일례가 1998년 당시 재직 중이던 대기업 건설사에서 국내 최초 주택 마케팅팀의 창립 일원으로 합류했을 때, PC 통신 천리안과 유니텔, 인터넷 홈페이지에 사이버 주택문화관을 구축하고 직접 운영하며 잠재 고객 데이터를 모았던 일이다. 이는 내게 두고두고 데이터의 중요성을 일깨워준 계기가 되었다. 축적한 고객 데이터베이스를 바탕으로 관심이 있을 만한 고객에게 미분양 아파트 정보를 제공해, 별도의 마케팅 예산을 투자하지 않고서도 성공리에 모든 재고 주택을 소진했기 때문이다.

그 후 기업형 임대주택 자산 관리 일을 시작하고서도 제일 먼저 한 일이 바로 주택 임대 관리 시스템을 구축하는 것이었다. 여기에서 얻은 데이터베이스를 바탕으로 자산 및 계약 관리 업무의 투명성과 효율성을 높일 수 있었고, 나아가 이것은 회사의 경쟁력을 높이는 결과로 이어졌다. 우리 회사가 국내 주택 임대 관리 분야에서 선두에 설 수 있었던 것은, 바로 이 정확한 데이터의 힘을 믿고, 철저히 준비했기 때문이다.

그뿐만 아니라 우리는 여기에서 그치지 않고, 다양한 기술과 데이터를 기반으로 서비스를 제공하는 부동산 기업, 이른바 프롭테크 기업들과 끊임없이 협업하며 회사의 경쟁력을 견고히 하고 있다(이 책의 저자이기도 한 이상빈 기자를 통해 소개받은 다양한 프롭테크 기업 중 머신러닝 기반 가구 구독 플랫폼 스타트업인 '이해라이프스타일'과 스마트 도어락 기업 '아마다스'와 인연이 닿아 비즈니스 관계를 계속 이어나가고 있다).

지금이야 부동산 시장에서 점진적으로 기술이나 데이터를 중요하게 다루고 있지만, 사실 부동산 시장은 오랫동안 변하지 못한 채로 묵은 문제들을 안고 있었다. 여러 고질적 문제 중에서 대표적인 것을 꼽자면 아무래도 정보의 비대칭성과 복잡한 거래 절차일 것이다.

정보의 비대칭성이라 하면, 부동산 정보가 일부 사람에게 권력처럼 주어지는 것이라 할 수 있는데 이는 부동산의 특성 때문이기도 하다. 일단 모든 부동산은 같은 것이 하나도 없다. 단위 세대의 평면과 크기가 똑같은 대규모 아파트 단지라고 해도 위치에 따라 윗집은 아랫집보다 전망이 좋기도 하고, 남향은 서향보다 볕이 잘 든다. 그래서 부동산 가격이 다를 수밖에 없다.

이 가격의 경우, 당사자인 매도자와 매수자, 그리고 입회한 중개인만이 정확한 거래가를 알고 있어서 실거래가 정보는 당사자가 아니라면 쉽게 알기가 어렵고 왜곡되기도 쉽다. 거래 사례를 참고할 때도 이것이 정확한 정보인지 의심스러울 수밖에 없는 것이다.

정보의 비대칭성이 문제가 되는 또 하나의 사례는 최근 한국 사회를 떠들썩하게 한 LH 임직원과 일부 정치인, 공무원 등이 연루된 신도시 택지개발 예정지구 투기 문제다. 이 사건만 보더라도 특급 정보를 가진 소수의 집단이 투자 기회와 경제적 이득을 독점하여 나타난 상대적 박탈감이 참을 수 없는 분노로 표출된 것이라 봐도 무방하다. 만일 모든 사람이 같은 조건에서 같은 정보를 알았더라면, 정보의 비대칭성을 활용한 LH 임직원의 투기도 없었을 것이고, 이렇게까지 많은 이들이 실망하고 분노하는 일도 없었을 것이다.

그뿐만이 아니다. 부동산 시장의 고질적 문제로 꼽은 또 하나의 문제는 복잡한 절차다. 등기부등본을 떼서 확인하는 것조차 어려운 사람이 많은데, 공인중개사, 법무사, 은행, 변호사, 세무사, 시·군·구청 등 부동산의 거래나 개발 등과 관련해 도움을 청하거나 만나야 하는 기관이 한둘이 아니다. 한마디로 매우 골치 아프고 복잡하다. 그래서 운이 아주 좋거나, 열심히 공부하면서 발품을 팔지 않으면 성공하기 힘든 곳이 바로 부동산 시장이다.

하지만 말했듯 이런 문제를 해결할 묘수가 부동산 시장에 생겨나고 있다. 바로 이 책의 주요 내용이자 제목이기도 한 '프롭테크'다. 골치 아프고 복잡하고 비합리적인 부동산의 여러 문제를 IT 기술을 접목해 쉽고, 간편하게 바꾸어 해결하는 것이 프롭테크다. 프롭테크는 이런 문제를 해결함으로써 시장을 키우고 비즈니스의 기회를 넓혀주는 것은 물론, 장기적으로 모든 사람이 같은 조건에서 공정하게 경쟁할 수 있도록 돕는다. 나와 우리 회사가 이 기술에 주목하고 있는 이유 역시 이 때문이다.

《부동산의 미래: 프롭테크》를 쓴 이상빈 기자와의 인연은, 수년 전 어느 날, 서울의 한 호텔에서 열린 부동산 관련 컨퍼런스에서 인사를 나누며 시작되었다. 그날 이후 점심을 같이 먹게 되었는데, 우리 둘은 밥도 먹는 둥 마는 둥 하며 부동산 산업의 현황과 기술의 발전이라는 주제를 두고 신나게 토론했다. 그때 우리는 호기심 가득한 눈빛과 열정을 지닌 젊은 기자와 취재원의 관계가 아니라, 기술의 진보가 부동산 산업의 변화와 발전에 미치게 될 영향에 관심을 두고 있는 탐구자로서 시간 가는 줄 모르고 이야기를 나눴었다.

보수적인 부동산 분야에서 프롭테크가 신기루가 아닌 현실로 자리매김하길 바랐었는데, 이 책을 보니 그때 기억과 함께 간절했던 마음이 떠올라, 그의 출간 소식이 더 반가울 따름이다.

　부동산을 공부하는 분들이 시장의 수많은 트렌드를 공부하고, 그중 하나로 프롭테크도 다루고 있지만, 나는 이 주제가 그저 가벼운 호기심으로, 스쳐 지나갈 트렌드로 다뤄지지 않길 바란다. 프롭테크가 국내외에서 어떻게 시장을 바꾸어나가고 있는지, 그 생생한 변화의 현장을 목격하면서 많은 사람에게 더 무궁무진한 기회를 줄 수 있다고 믿어온 저자의 바람처럼 프롭테크가 부동산 시장 안에서 하나의 영역으로 더 크게 성장하고, 그로 인해 보수적이었던 시장에도 긍정과 쇄신의 바람이 불기를 기대한다. 부동산이 프롭테크라는 날개를 달아 더 성장하고, 많은 사람이 부동산에 친근하게 다가갈 수 있도록 전통 부동산 산업과 프롭테크가 서로 소통하고 협력하기를 바란다.

　이를 위해 지난 수년간 발로 뛰며 프롭테크에 대한 모든 것을 잘 정제된 언어로 녹여낸 저자의 열정에 찬사와 감사를 전한다. 이 책이 많은 이에게 프롭테크가 어려운 것이 아니고, 우리 생활에 가까이 와 있다는 것임을 널리 알리는 촉매제가 되길 희망한다.

언택트를 넘어 '온(On)택트' 시대를 맞이한 지금, 부동산 산업도 새로운 흐름을 받아들일 준비가 필요하다. 그 흐름을 타고 프롭테크는 부동산 산업의 패러다임을 변화시키고 있으며, 점점 더 산업의 중심으로 떠오를 것이다. 이를 정확하고 심도 있게 다루는 책에 대한 갈망이 있었는데, 프롭테크를 국내에 처음 소개하고 끊임없이 이 시장을 탐색해온 전문가의 책이 출간되어 더없이 반갑다. 이 책이야말로 현장에서 참고할 좋은 길잡이가 되어줄 것이다.

안성우 직방 대표, 한국프롭테크포럼 의장

우리의 시선은 항상 미래를 향하고 있고 그 속도는 점점 빨라지고 있다. 기술은 미래를 현실화하며 이제 그 어떤 상상도 넘어서지 못할 것이 없다. 우리가 부동산에서 기술 기반의 프롭테크에 주목해야 하는 이유다. 이 책은 '부동산이 바뀔까?' 하는 사람들의 고정관념을 깨는 것은 물론, 프롭테크가 가져올 부동산 시장의 무한한 발전 가능성을 생동감 있게 보여주고 있다. 변화가 불가피한 부동산 시장의 현실을 기자의 시선으로 빠르고 정확하게 짚어준다.

이수진 야놀자 대표

90년대 후반 인터넷에서 출발한 프롭테크 분야는 이제 3.0 시대로 진입하였고, 비대면 서비스의 확대로 차츰 성장해 새로운 미래 산업으로 주목받고 있다. 프롭테크는 포스트 코로나 시대에 부동산 시장의 미래를 보여주는 대표 산업으로 자리매김할 것이다. 이러한 프롭테크의 동향과 전망을 잘 보여주는 책으로 이만한 것이 없다. 부동산 전문가만이 아니라 부동산에 관심을 가진 모든 사람에게 이 책을 추천한다.

이상영 명지대학교 미래융합대학 학장 및 부동산학과 교수, 부동산114 전 대표이사

부동산 시장은 그 규모가 수백조 원이 넘을 정도로, 한국에서 가장 큰 소비지출이 일어나는 시장 중에 하나다. 그 시장이 IT 기술의 발전으로 인해 점점 더 혁신적이고 더 큰 소비를 이끌 시장으로 바뀌고 있다. 이미 유능한 창업자들은 디지털 기술을 활용해 더 다양한 혁신, 더 가능성 있고 투자가치가 있는 비즈니스를 선보이고 있으며, 이는 투자자 입장에서 매우 큰 기회이자, 장기적으로 봤을 때 생태계 전체의 발전을 이끄는 일이다. 우리가 부동산 시장을 프롭테크 관점에서 바라보려는 노력이 필요한 까닭이다. 그리고 이 책이 바로 그 시발점이 되어주리라 생각한다.

박지웅 패스트트랙아시아 대표

고객과 지역사회를 위해 멋진 공간을 창조한다는 보람으로 30년 가까이 건설업에 몰입해왔지만, 부동산 시장이 지닌 불투명성으로 인해 사람들이 겪는 불편과 피해를 보며 항상 마음이 무거웠다. 그러한 와중에 프롭테크 산업의 성장은 고대하던 생태계의 진화였다. 프롭테크가 바로 그 불편과 피해를 효과적으로 줄여주고 있으니 말이다. 사람들이 주거 공간을 선택하거나 부동산에 투자를 결정할 때, 프롭테크 기업들이 제공하는 다양한 정보와 편리한 서비스를 먼저 찾아서 이용할 정도로 이제는 제법 프롭테크가 시장에 뿌리내렸고, 이 혁신적인 IT 기술이 점점 더 부동산 생태계에 도입될수록 아마 부동산 산업이 가진 고질적인 문제들도 점점 더 쉽게 해결할 수 있지 않을까 싶다.

《부동산의 미래: 프롭테크》는 이런 시장과 산업의 변화가 궁금한 사람들에게 꼭 추천하고 싶은 책이다. 이 책에서 저자는 빠른 속도로 진화하는 국내외 프롭테크 산업의 현황을 섬세하고 균형 있게 기술하며, 게임 체인저로서 프롭테크 기술의 미래 잠재력을 효과적으로 제시했다. 이 책을 접한다면 균형 잡힌 식견과 통찰을 얻으리라 확신한다.

이석준 우미건설 부회장

차 례

Section 1
부동산도 스마트 기술 시대

1. 쿠팡보다 쉽고 빨리 사는 부동산

Section 2
부동산을 180도 바꿔놓은 프롭테크

3. 발품 팔며 부동산 보던 시대의 종말

4. 목돈, 빌딩 없어도 건물주 되는 세상

5. 서류나 중개인 없는 간편해진 부동산 거래

부동산 시장의
패러다임이 바뀌고 있다

세계에서 가장 큰 패스트푸드 프랜차이즈인 맥도날드가 부동산 기업이라는 사실, 알고 있는가? 겉으로는 햄버거를 팔아 돈을 버는 것처럼 보이지만, 알고 보면 맥도날드는 부동산 임대료로 더 많은 수입을 얻는다. 기존 프랜차이즈 회사가 장비나 식자재를 팔고 로열티를 받는 것과는 달리, 맥도날드는 직접 소유한 건물에 가맹점을 입점시켜 임대료를 받는 방식으로 수익 모델을 만들었기 때문이다. 2018년 맥도날드는 500억 달러(약 56조 5,000억 원)가 넘는 부동산 자산을 소유하며 연 10억 달러에 가까운 임대료 매출을 올렸다. 맥도날드의 전 최고 재무 책임자 해리 소네본Harry J. Sonneborn은 "우리는 엄격히 따지면 요식업을 하는 게 아니다. 우리는 부동산 사업을 하고 있다. 우리가 햄버거를 판매하는 이유는 햄버거가 임대사업을 하기 위한 가장 좋은 미끼이기 때문이다."라고 말할 정도였다.

전 세계에 2만 5,000여 개가 넘는 매장을 보유한 세계 1위의 커피 프랜차이즈 스타벅스 역시 부동산 업계에서는 '귀한 손님'이다. 스타벅스는 고객을 유인하는 강력한 힘을 지닌 앵커 테넌트anchor tenant다. 스타벅스가 들어서면 유동인구가 늘어나 일대 상권이 활성화되고, 건물 임대료와 자산 가치까지 올라가 업계에서는 '스타벅스 효과'라는 말까지 있을 정도다. 최근에는 스타벅스가 입점한 건물만을 모아 임대료 수익을 받는 '스타벅스 펀드'도 나왔다.

비슷한 이유로 이마트나 홈플러스는 유통 기업인 동시에 부동산 기업이다. 삼성생명이나 교보생명 같은 보험사들은 보험금으로 직접 부동산을 운용해 수익을 낸다. 같은 논리로 국내 부동산 시장에서 가장 '큰손'은 운용 자산 규모가 가장 큰 국민연금이다. 닥스, 마에스트로, 해지스 등을 보유한 LF는 2018년 부동산 금융 회사를 인수했다. 심지어 숙박 예약으로 잘 알려진 야놀자 같은 스타트업도 자체 부동산 개발 본부를 두고 부동산 부지 선정부터 시공까지 직접 하고 있다. 구글이나 아마존 같은 세계적인 IT 공룡들도 스마트 홈이나 스마트 시티 사업에 직간접적으로 참여하며 부동산 산업에 뛰어들고 있다.

어디 기업들만 부동산에 열을 낼까. 집은 누구나 갖고 싶어 하고, 투자는 뭐니 뭐니 해도 부동산이 최고라는 사람들의 인식은 여전하다. 네이버에서 사람들이 가장 많이 본 경제 뉴스 10위권 내의 기사들을 살펴보면 부동산 관련 기사가 매일 빠짐없이 1건 이상 차지한다. 집값이 뛰었다는 이야기는 물론이고 급매라도 나왔다고 하면 사람들의 반응이 폭발적이다. 혹시나 아파트 가격이 떨어지는 신호탄을 듣고자 기다리는 사람들도 많다. 부동산 정책이라도 나오면 집이 있든 없든 모두 한 번 정도는 관심을 두기 마련이라 그날은 부동산 기사가 순위표를 도배한다. 특히 2014년부터 집값이 수억, 수십억 원씩 치솟는 통에 누구라도 신경을 쓰지 않을 수 없게 됐다. 집을 산 사람은 내 재산이 어느 정도나 될까 하며 보고, 사지 않은 사람은 좌절된 꿈에 가슴 시려하며 보게 된다. 집을 샀더라도 빚이 있으면 혹시나 집값이 떨어져서 내가 산 가격 아래로 내려갈까 봐 전전긍긍한다. 집값을 둘러싼 사람들의 심리는 그야말로 천태만상이다.

2016년에서 2019년까지 부동산 전문 기자로 현장을 누비면서 느낀 것이 2가지 있었다. 첫 번째, 사람들이 부동산에 참 관심이 많구나. 두 번째, 부동산 가격이 오르내리는 것 말고는 부동산에 대해 할 이야기가 없는 걸까? 2016년쯤 부동산 시장을 취재하다가 누군가 내게 "왜 부동산 기사는 부동산 가격 이야기밖에 안 나오나요?"라고 물은 적이 있다. "어디 아파트 몇 평 대 가격이 1억 원이 뛰었다."라는 기사만 나온다는 것이었다. 얄궂은 변명 같지만, 나름의 이유는 있었다. 사람들이 관심 있어 하는 게 바로 그 가격이니까. 그러니까 쓰는 기자도 중계방송하듯 부동산 가격에 관한 기사를 찍어낼 수밖에 없는 거 아니겠나.

하지만 시간이 지나고 점점 부동산 시장을 둘러싼 변화들이 눈에 띄었다. 어느 순간 사람들이 집이나 가게를 보러 부동산 중개인을 찾아가기 전에 스마트폰이나 컴퓨터로 '로드뷰'를 보거나 애플리케이션 등을 이용해 주변 매물을 파악하기 시작했다. 또, 식도락 문화를 즐기는 사람들이 SNS를 보고 맛집을 찾아가기 시작하면서 상권의 입지 방정식은 골목길 위주로 바뀌었다. 부동산을 사지 않아도 부동산 수익을 내는 리츠REITs(128쪽 설명 참조), P2P Peer-to-peer 상품들이 등장했고, 부동산 전자거래가 시작됐다. 언젠가 부동산을 주식처럼 실시간 전광판에서 거래할 수 있을 것이라는 이야기도 나왔다.

그러던 중 해외의 부동산 저널을 보다가 부동산 시장을 기술로 혁신하는 스타트업 이야기를 듣게 됐고, 국내에서 처음으로 '프롭테크'라는 용어를 빌어 관련 기획기사를 썼다. 이후 국내 프롭테크 스타트업, 부동산 시장의 혁신가들을 만나게 됐고, 그것이 내가 프롭테크와 맺은 첫 인연이다.

프롭테크proptech는 부동산property과 기술technology의 합성어[1]다. 부동산 산업에 최첨단 IT 기술을 접목한 혁신적인 서비스(또는 그런 서비스를 제공하는 기업)를 뜻한다. 네이버 부동산이나 직방처럼 스

---

[1] 미국이나 유럽에서는 부동산을 뜻하는 '리얼 에스테이트(real estate)'와 기술을 합쳐 '리테크(ReTech)'나 '리얼테크(RealTech)'라는 단어도 혼용해서 쓴다. 〈뉴욕타임스〉나 〈포브스〉, CNN 등 주요 외신에서는 주로 프롭테크라고 쓰며, 한국에서도 주로 프롭테크라 지칭한다.

마트폰이나 인터넷 웹 페이지를 통해 부동산 매물을 소개해주는 서비스부터 빅데이터를 이용해 부동산 가격은 물론 주변 시설, 규제 정보, 과거 거래 실적 등을 한눈에 보여주는 '호갱노노', '디스코' 같은 애플리케이션을 떠올리면 이해하기 쉬울 것이다.

과거와는 달리, 소비자들도 이런 서비스를 적극적으로 이용하면서 부동산 시장이 점점 편리하고 똑똑하게 바뀌고 있다. 이런 흐름대로라면 단지 부동산 가격이 아니라, 부동산 시장 참여자들에게 어떻게 하면 좀 더 편리한 경험을 선사할지, 어떻게 하면 좀 더 공간을 효율적으로 사용할지, 어떻게 하면 밸류체인 곳곳에서 부동산 산업이 혁신을 일으킬지 등 부동산의 본질적 가치와 효용에 대해 더 많은 이야기를 나눌 기회가 열리지 않을까.

그런 기대로 프롭테크를 계속해서 국내에 소개했고 4년이 지났다. 산업계와 언론, 시장에서는 제법 프롭테크라는 단어가 통용되고 있지만 일반인들에게는 여전히 낯설다. '프롭테크'라는 단어 자체를 많이 안 쓰기도 하고 들었을 때 단번에 떠올릴 만한 기업이 몇 곳 없어서이기도 할 것이다. 대중에게 잘 알려진 직방과 다방 정도를 이야기하고 나면, 다시 긴 설명을 곁들여 관련 기업이나 서비스에 대해 설명해야 한다. 이 책은 그런 설명할 시간을 줄여주고자 쓰게 됐다.

과거에 그랬듯이 미래에도 집주인, 땅 부자, 건물주가 되고 싶은 사람들의 마음은 식지 않을 것이다. 부동산 대세 상승기는 멈춰 섰지만, 여전히 누구나 원하는 부동산은 구하기가 쉽지 않다. 부동산은 희소하기 때문이다. 발품을 더 팔든 돈을 더 내든 좋은 정보를 얻는 것이 중요한데, 그렇다면 돈도 없고 정보에도 둔한 사람들은 영영 부동산을 손에 쥘 수 없을까?

이것이 바로 우리가 '프롭테크'를 알아야 하는 이유다. 정확히 말하면 프롭테크가 바꿔 놓고 있는 부동산 시장의 흐름을 알아야 한다. 이제 부동산도 기술적으로 접근해야 하는 시대다. 돈은 적게, 정보는 손쉽고 빠르게 얻을 수 있으면 우리가 그토록 원하는 '건물주', 한 번 해볼 만하다. 변하지 않을 것 같은 부동산 시장에 이것을 가능하게 해주는 것이 바로 프롭테크다. 이 책은 단순히 프롭테크가 무엇이고 어떤 부동산 기업이 어떤 기술로 혁신적인 서비스를 제공하고 있는지 설명하기 위해 쓴 것이 아니다. 프롭테크가 미래의 부동산 시장 트렌드를 어떻게 바꾸어나가고 있는지, 정보도 자본도 절대적으로 적은 우리가 그 변화하는 트렌드 안에서 어떤 기회를 얻을 수 있는지 인사이트를 주기 위함이다.

돌이켜보라. 우리 주변을 둘러싼 공간은 변하지 않는 것 같지만 천천히 변해왔다. 요즘 짓는 아파트 단지들만 봐도 지하주차장까지 바로 연결되는 엘리베이터는 이미 옛날이야기다. 쓰레기를 버리러 분리수거장까지 애써 걸어 나오지 않아도 대문 앞에 쓰레기를 버리면 알아서 집하되고 열쇠 대신 번호키는 기본이며, 사무실 출입문에는 보안 강화를 위해 입구부터 출입 게이트가 생겼다. 건물이 높아졌지만, 예전에는 없던 지능형 엘리베이터로 더 빠르게 오르락내리락할 수 있다. 건물 내 온도 조절의 경우 예전 같으면 건물 관리자가 직접 온도를 맞춰야 했지만, 지금은 온도를 설정해놓으면 자동으로 적정 온도를 유지한다. 미세먼지 때문에 공기질에 대한 관심도 높아져서 이를 관리해주는 건물들도 많아졌으며, 앞으로는 포스트 코로나 시대에 따른 유해물질 관리도 주목을 받게 될 것이다.

부동산을 이용하는 방식은 또 어떻게 변했을까. 건물 공급은 늘어나는데, 사회 전반에 디지털 트랜스포메이션이 가속화되면서 오프라인 공간에 들어가려는 임차인이 줄었다. 질 떨어지는 건물은 안 들어가려고 하고, 접근성이 나쁜 건물은 피하는 것이 당연한 일이지만, 접근성이 나빠도 가성비가 괜찮거나 온라인 마케팅을 이용해 접근성을 높일 수 있다면 해당 건물을 선택하는 사람이 늘었다. 골목 상권의 대두는 그 때문이다. 또 요즘은 건물이 비면 임대를 놓기 위해 마냥 기다리지 않는다. 공간을 시간대별로 나누어서 에어비앤비나 스페이스클라우드SpaceCloud를 통해 다른 사람에게 단기로 빌려주고 수익을 낸다. 자신만의 공간을 갖고 싶어 하는 사람들, 좀 더 사적인 공간을 원하는 사람들이 늘면서 작업실, 파티룸 등 새로운 공간 수요가 늘었기 때문이다. 죽은 건물, 죽은 지역을 다시 살리는 도시재생도 점점 활발해지는 추세다.

우리가 사는 공간, 그 공간을 이용하는 방식은 다양한 IT 기술 덕에 앞으로 계속 더 편리한 쪽으로 변할 것이다. 그리고 그 중심에 서서 미래의 부동산 시장을 선도할 키워드 역시 프롭테크다. 부동산 시장은 '프롭테크'라는 패러다임의 변화를 앞두고 있다. 그 변화의 핵심을 아는 사람과 모르는 사람의 격차는 가지고 있는 정보와 자본의 정도만큼 벌어질 것이다.

Section

1

부동산도
스마트 기술
시대

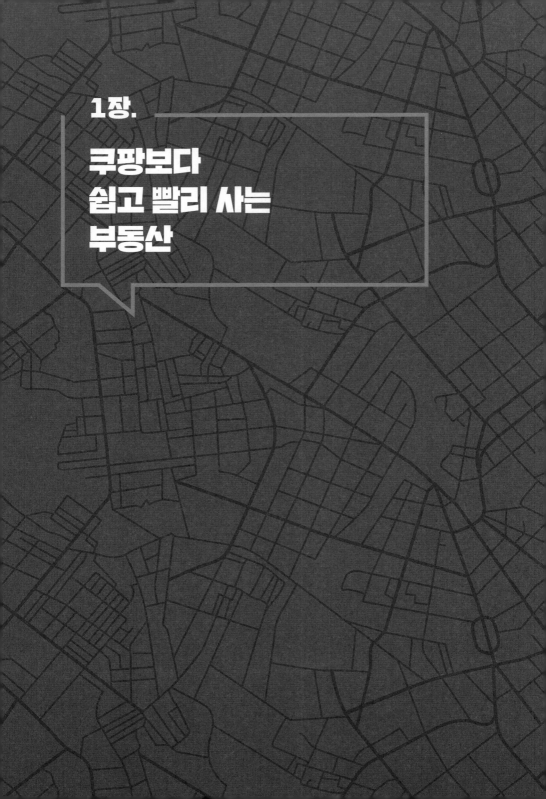

1장.

쿠팡보다
쉽고 빨리 사는
부동산

취재원과 만나기로 했는데 시간이 촉박해 택시를 잡아탄 적이 있었다. 미팅 장소가 초행길이라 기사님에게 길을 설명하기가 어려웠고, 주소를 찍고 가기로 했다. 도로명 주소를 불러드렸으나 내비게이션이 주소를 찾지 못해 다시 지번 주소를 검색해서 기사님에게 알려드려야 했다. 택시에 올라타고 나서도 몇 분 동안 출발하지 못한 채 그 자리에 있었던 것 같다. 그전에 이미 택시가 안 잡혀 몇 분을 길 위에서 발만 동동 굴렀던 건 덤이다. 그때 제일 먼저 한 생각은 '왜 내가 평소처럼 카카오 택시를 안 불렀지?'였다. 그랬다면 주소를 일일이 불러드려야 하는 번거로움은 물론이고 결제까지 택시를 타기 전에 다 해결될 일이었을 텐데. 콜택시는 물론 이제 길거리에 있는 택시를 그냥 잡아타는 것이 불편하게 느껴진다. 단 몇 분의 차이일 뿐인데도 말이다.

택시만 그럴까. 장을 보려고 시장이나 동네 마트에 직접 나가는 일도 드물다. 쿠팡에서 클릭 몇 번만 하면 다음 날 새벽 집 앞으로 물건이 배송되며, 대형마트도 쓱SSG 배송이니 새벽 배송이니 점점 더 배달 시스템이 발전하는 시대가 아닌가. 책도 온라인 서점에서 사고, 커피 한 잔을 사더라도 사이렌 오더나 드라이브 스루를 이용하고 영화관 대신 넷플릭스에 새로운 시리즈가 올라오길 기다리는 시대. 종이신문 대신 네이버와 다음에서 온라인 기사를 읽고 이제는 그마저도 번거로워 유튜브에서 내가 원하는 정보만 찾아보는 시대. 불필요한 말을 섞어가며 사람과 대면할 필요 없이 원하는 정보만 빨리빨리 소비하길 원하는 이른바 언택트 시대. 우리는 현재 그런 시대에 살고 있다. 이런 기술의 진보는 점점 더 우리 삶 구석구석을 간편하게 바꿀 것이다.

복잡하고 귀찮은 것은 살아남지 못한다

이런 변화를 스펀지 흡수하듯 빨아들이며 자유자재로 활용하는 밀레니얼 세대가 주 소비자층으로 우뚝 서고 있다. 이 세대는 이미 어릴 적부터 초고속 인터넷과 모바일 기기에 익숙한 일명 포노 사피엔스[2]들이다. 짧고 간단한 것을 좋아하며 기다리는 것을 못 참는다. 이들은 인터넷 커뮤니티나 유튜브로 제품 리뷰를 찾아보고 '가성비'를 따진다. 거짓된 서비스나 조금이라도 불편하거나 기다려야 하는 제품은 이들의 신뢰를 잃기 십상이다. 거기에 이전 세대가 경험한 것과는 완전히 다른 경험을 누리길 원한다. 이들이 주 소비자 층이 되었다는 것은 곧 제품이나 서비스를 이용하는 방식이 기존의 것보다 더 빠르고 혁신적으로 바뀔 것이라는 의미와 같다.

부동산 시장도 이런 흐름에 발맞춰 조금씩 변하고 있다. 집을 구하러 갈 때 무작정 부동산 중개소로 직행하기보다는 인터넷이나 애플리케이션을 통해 주변 동네를 둘러보거나, 인근 물건 시세는 어떤지 먼저 확인하는 것이 당연해졌다. 아파트 단지나 동네별로 리뷰가 달리고, 네이버나 다음 카페에는 부동산 임장 후기들이 여럿 올라오기도 한다. 이 정도면 부동산 중개사 리뷰 서비스가 아직 없는 것이 신기하다.

부동산 관련 미디어 트렌드도 이를 방증한다. 2019년 초 시작해 일요예능 강자로 거듭난 MBC 프로그램 '구해줘 홈즈'. 이 프로그램은 박나래, 김숙을 필두로 출연자들이 두 개의 팀으로 나뉘어 프로그램에 사연을 보낸 의뢰인을 대신해 부동산 중개인처럼 집을 찾아 소개해준다. 원하는 지역, 주변 편의시설, 사용 목적, 세대원 수, 방

---

2 영국의 경제주간지 〈이코노미스트〉가 호모 사피엔스에 빗대 표현한 말로, 스마트폰을 신체의 일부처럼 사용하며 이것 없이는 생활하기 힘든 세대를 말한다. 국내에서는 최재붕 교수가 《포노 사피엔스》를 통해 이 개념을 대중화했다.

의 개수와 의뢰인의 취향, 예산 등을 고려해 각 팀에서 의뢰인이 제시한 요건에 맞는 집을 찾아내면 의뢰인은 팀 상관없이 이 중 원하는 집을 선택한다. 의뢰인이 선택한 매물을 찾아온 팀이 승리하며 이 팀은 자신들의 이름으로 의뢰인에게 이사지원금을 준다.

의뢰인은 발품 팔 필요 없이 가만히 앉아서 찾아온 매물 중 마음에 드는 것을 고르기만 하면 되고, 시청자는 다양한 지역의 부동산 데이터를 손쉽게 얻을 수 있으니 얼마나 편리한 일인가. 사람들의 니즈를 간파한 덕분에 이 프로그램은 20~49세 시청자들을 사로잡았고, 방영 2회 차부터 40주가 넘는 기간 동안 동시간대 시청률 1위를 기록할 정도로 뜨거운 사랑을 받았다.

이 프로그램이 성공하자 연이어 TV조선의 '부동산로드-이사야사'나 EBS의 '방을 구해드립니다' 등 비슷한 형태의 예능들이 속속 등장했다. 집과 동네에 얽힌 이야기부터 집값, 부동산 이야기까지, 2019년 나온 부동산 관련 예능들은 어렵게만 여겨졌던 부동산 이야기를 쉽고 재미있게 설명하거나 의뢰인이 감수해야 할 불편한 거래 과정을 대폭 줄여주는 방식으로 풀어내 성공했다.

부동산 시장의 발목을 잡아온 4가지 고질적 문제

쉽고 간편한 것을 좋아하는 소비 트렌드의 변화가 부동산 시장에서 더 먹힐 수 있었던 것은 부동산 시장이 가진 고질적 문제에 관한 답답함을 해소해줬기 때문이다. 오래전부터 부동산 시장은 보수적인 것으로 유명했다. 중개인이 정보를 꽉 틀어쥐고 일부만 소비자에게 보여주면 소비자는 그를 따라다니며 발품을 팔면서도 제한된 선택지 안에서 결정을 내려야 했다. 지금도 많은 사람이 이 방식을 따르고 있다. 그뿐만 아니라 온라인에 올라오는 부동산 매물 건수는 온오프라인을 합쳐 거래되는 부동산 전체 건수의 반을 넘지 못한다.

또 일선 부동산에서는 아직도 컴퓨터 자판보다는 펜과 노트를 쓰는 것을 더 자연스러워할 정도다. 최근 공인중개사 응시 연령대가 낮아지고, 상속·증여 등으로 젊은 건물주도 늘고 있다지만 부동산 현장은 여전히 '부동不動'하다. 공인중개사 합격자 평균 연령이 낮아지고 있다고 해도 젊은 공인중개사가 부동산을 개업하려면 자본과 경험이 필요하다. 특히 경험 부분에서 기존의 업자들을 따라가기 어렵고, 이미 자리 잡은 업자들 역시 큰 변화를 좋아하지 않는다.

중개업자뿐만 아니라 주요 소비자층의 변화도 다른 분야에 비해 느린 편이다. 부동산 지식은 학교에서 가르쳐주지도 않고, 스스로 필요가 생기지 않는 한 접할 일이 드물다. 부동산 거래가 익숙지 않은 젊은 사람들이 부동산을 접할 기회라고 해봤자 대학 입학 후 자취방을 알아보는 것 정도일까. 거주나 투자 목적으로 매물을 알아보려고 부동산 중개소를 처음 방문하는 것은 서른 즈음, 전세가 아닌 매매로 알아보려면 그 후로 최소 10년(서울 집값이 대략 8억 원 정도라고 치면 맞벌이 부부가 10년 모아도 못 사는 경우가 다반사다)은 더 걸리니 아무래도 매물을 찾는 사람이 부동산 중개소를 방문할 일 자체가 많지 않아 더 그렇다.

이렇듯 접근성이 낮고 정보를 얻기도 어렵다 보니 부동산을 처음 접하는 소비자들은 거래 과정이 투명하지 않고, 폐쇄적이라고 느끼기 쉽다. 큰돈을 들이는 것에 비해 중개업자의 말 말고는 이것이 정말 좋은 매물인지 판단할 만한 근거가 적기 때문이다. 부동산 시장에서 소비자는 항상 '을'이다. 이는 부동산 자산의 특성 때문이기도한데, 모든 부동산 자산은 모양도, 크기도, 위치도 다 다르다. 파는 사람이 사는 사람보다 더 많은 정보를 가질 수밖에 없다. 집을 구할때 매수자가 집을 볼 수 있는 시간은 한정돼 있다 보니 잠깐 보고계약한 집이 알고 보면 물이 잘 나오지 않거나 외풍이 심하게 분다거나 하는 일이 비일비재하다. 곰팡이나 바퀴벌레가 나오는 경우도더러 있다.

아파트 가격이 오를 때 소위 '잘나가는 단지'의 입주자 대표 회의에서 가격을 더 부르도록 '집값 담합'을 하는 것을 자주 보았을 것이다. 부동산 시장의 고질적인 문제 중 하나인 이런 정보의 비대칭성은 지역 정보를 많이 아는 자들에게 매물 정보와 거래 정보를 통제할 만큼 막대한 '권력'을 주었다. 악성 중개인들이 고객들을 불러 모으려고 가격과 방 상태를 속이는 허위 매물을 올린다는 이야기는어제오늘 이야기가 아니다.

닫힌 시장은 가격 구조를 왜곡한다. 감정가는 부동산을 평가해 그 가치를 반영한 가격이다. 부동산의 위치, 건물 연식, 층수, 용도, 도로와의 인접성, 유동인구, 인근 지역 거래 사례 등을 반영해 산정한다. 한때 서울의 최고급 임대 아파트로 화제가 됐던 서울 한남동 '한남더힐' 아파트는 분양 전환 당시 입주민 측과 시행사 측이 제시한 감정가액이 서로 큰 차이가 있어 논란을 일으키기도 했다.

땅이나 상가, 빌딩, 공장 같은 자산들도 마찬가지다. 이런 매물들은 거주 목적의 매물보다 정보를 얻기가 더 어렵다. 부동산 투자에 대한 정보 역시 소수에게만 집중되어 있다. 가령 우량 자산 투자 대부분은 일반인에게 풀리는 공모 투자보다는 소수의 인원만을 모으는 사모 투자 방식으로 이루어진다. 이런 투자 물건은 기관 투자자와 프라이빗 뱅커PB 등만 참여하는 소위 '그들만의 리그'다. 더 많은 사람이 여윳돈을 가지고 부동산에 투자하고 싶어도 정보를 얻기가 쉽지 않다.

보수적이고 폐쇄적인 부동산 시장이 가지고 있는 또 하나의 고질적인 문제는 거래 비용이 많이 든다는 것이다. 일단 자산의 규모가 크다 보니 거래를 하는 데 목돈이 필요하다. 그뿐만 아니라 보수·유지 비용도 많이 든다. 가령 수많은 사람이 오고 가는 빌딩은 전기, 수도, 가스, 인력 등 다양한 자원이 사용되는 '플랫폼'이니 이를 좋은 상태로 유지하고 관리하려면 막대한 비용이 필요하다. 신축 건물들은 자동 시스템 소프트웨어가 설치되어 있지만 오래된 건물일수록 사람이 없는 곳에도 냉난방이 돌아간다거나 관리인이 일일이 불을 켜고 꺼야 하는 등 불필요한 자원이 낭비되는 경우가 태반이다. 빌딩 내부에 자동 시스템을 도입하면 좋겠지만, 이를 도입하는 일 역시 쉬운 일은 아니다. 태양광 발전 등 건물이나 도시가 자가발전할 수 있는 길이 열리고 있다지만, 이를 설치하겠다고 건물을 다시 짓는 것은 더 많은 시간과 비용이 드는 일이기 때문이다.

문제는 여기에서 끝나지 않는다. 부동산 자산을 효율적이고 유동적으로 활용하기 어렵다는 것도 고질적 문제 중 하나다. 사람이라면 누구나 좋은 입지의 공간을 구하고 싶어 한다. 세를 내고 살아야 하는 입장에서 서울의 광화문, 종로, 을지로, 강남, 홍대 등 편의성 좋은 도심 건물들을 합리적인 가격에 이용할 수 있다면 얼마나 좋겠는가. 세를 주는 사람도 마찬가지다. 일정 기간 이상을 임대로 내놓으려고 하다 보니 세입자를 구하기가 쉽지 않고, 임대료를 확 내리기도 어렵다. 이럴 때 공간을 무작정 계속 비워두는 것보다 시간과 공간을 쪼개어 임대를 계속할 수 있다면 손해를 줄일 수 있다. 가령 식당 같은 경우 사람이 없을 때는 카페나 사무실로 사용할 수 있게 공간을 빌려준다면 사업을 유지하는 데 더 유리할 것이다.

이런 도시 부동산의 공간 활용은 사회적 화두이기도 하다. 많은 사람이 어떻게 하면 한정된 공간을 효율적으로 사용할지 고민하고 있는데, 이를 해결하고자 비어 있는 도심 건물을 시간 단위로 나누어 모임 공간으로 제공하거나 지하철 역사 공간이나 건물 로비 등유동인구는 많지만 공간 활용도가 낮은 곳을 팝업 스토어로 제공하는 방식 등을 대안으로 제시하고 있다. 하지만 땅의 용도가 제도적으로 고정되어 있고, 변화가 느린 부동산 시장의 특성 때문에 공간을 다양하게 활용하는 데 여전히 많은 제약이 따른다.

정보의 비대칭, 비싼 거래 비용, 공간의 낮은 효율성 등도 문제이지만 부동산 시장의 가장 큰 문제는 거래 과정이 매우 복잡하고 비효율적이라는 것이다. 원칙적으로 부동산 거래는 부동산 매도자와 매수자만 있으면 성립된다. 하지만 실제 거래하려고 보면 그렇지 않다. 부동산을 등록하려면 공인중개사는 물론, 등기를 처리하기 위해 법무 전문가가 필요하고, 세금 문제를 처리하려면 세무 전문가를 찾아야 한다. 또 거래할 때 충분한 자금이 없다면 은행이나 제2금융권의 금융 담당자도 만나야 한다. 금융 담당자는 돈을 빌리는 사람이 갚을 능력이 있는지를 확인하기 위해 신용이나 담보를 평가하는데, 이 때문에 평가 담당자를 만나야 할 수도 있다. 정부 지원금을 얻으려면 정부 및 공공기관의 심사를 받아야 하고, 이때 갖춰야 하는 서류는 기하급수적으로 늘어날 수밖에 없다. 거래하려는 부동산의 규모가 크면 클수록 이러한 과정은 더 복잡하다.

부동산으로 돈 벌려면 기술을 봐라

다른 비즈니스에 비해 상대적으로 변화가 더디기는 하지만, 부동산 시장에도 분명 변화가 조금씩 일어나고 있다. 그 시작이 앞서 말한 4가지 고질적 문제점들을 해결하고 있는 '프롭테크'다. 프롭테크는 IT 기술이 접목된 부동산 서비스 또는 이를 제공하는 기업 자체를 의미하기도 하지만 이 책에서는 부동산 시행부터 시공, 분양, 임대, 관리, 유통, 리모델링 등 부동산 산업의 전 영역을 IT 기술로 혁신하고 더 나아가 우리가 살고 머무는 공간까지도 바꾸는 모든 시도를 프롭테크라고 정의할 것이다. 서비스 측면에서 보면 스마트폰이나 인터넷을 이용한 부동산 거래, 빅데이터·인공지능AI을 이용한 부동산 가치 평가, 부동산 임대 관리 플랫폼, 스마트 홈·스마트 빌딩 솔루션 등이 대표적인 서비스이며, 이를 제공하는 기업들은 부동산 시장의 정보 비대칭성을 해소하고, 크고 느린 부동산 영역의 경제활동을 더 효율적으로 하며, 집과 사무실, 건물과 도시 등 공간 환경을 좀 더 편리하고 편안하게 해준다.

프롭테크 기업들은 기술 수준과 시장 상황의 간격, 소비자 니즈와 시장의 간극을 기회 삼아 기존 부동산 시장의 문제를 정의하고 해결책을 내놓는다. 부동산 중개 서비스에 한정됐던 프롭테크 시장에는 최근 빅데이터, 사물인터넷, 인공지능, 가상현실VR 및 증강현실AR 같은 기술을 이용해 정보 비대칭성과 비효율적인 거래, 공실

문제 등을 해결하는 서비스가 속속 출시되면서 시장의 영역이 확장하고 있다. 그뿐만 아니라 블록체인 기술을 이용해 적은 돈으로도 얼마든지 규모가 큰 부동산에 여러 사람이 공동으로 투자할 수 있는 상품도 생겨나며 또 한 번 시장이 커지고 있다.

비어 있는 집을 시간 단위로 쪼개 대여할 수 있게끔 해주는 플랫폼 에어비앤비가 세계적인 기업으로 성장한 사실은 모두 알 것이다. 그뿐만 아니라 대표적인 부동산 매물 중개 서비스 업체인 직방과 다방은 각각 3,000만, 1,800만 명 이상이 이용할 만큼 커졌다. 카카오 개발자들이 모여 만든 아파트 매물 정보 전문 서비스 '호갱노노'는 아파트 가격은 물론 아파트 경사도, 일조량, 해당 지역 인구 변동, 아파트 공급량 등 다양한 데이터를 지도에서 한눈에 볼 수 있게 해줘 아파트 수요자들에게 인기다. 이런 매물 중개 서비스를 제공하는 프롭테크 기업은 정보의 비대칭이란 부동산 시장의 고질적 문제를 해결함과 동시에 복잡한 부동산 거래 과정도 대폭 줄여주어 시장에 활력을 불어넣고 있다.

기술을 이용해 건설 및 부동산 관리 비용을 줄이려는 시도도 늘고 있는데, 미국의 카테라Katerra는 빌딩을 지을 때 IT 기반의 건축 정보 모델링Building Information Modeling과 전사적 자원 관리Enterprise Resource Planning 기술을 도입해 건설 비용을 줄였다. 쉽게 말해 반조립품 형태로 건물을 제작, 제공하는 기술 덕분에 공기 및 비용을 3분의 2 수준으로 절감한 것이다. 그뿐만 아니라, 화장실, 부엌 등 각 공간에 맞는 자재들을 레고처럼 포장해 건축 시간도 단축했다.

스마트 빌딩 기술은 사람들의 이동을 감지해 전력이나 냉난방 등의 자원을 효율적으로 사용하게 해준다. SK텔레콤은 최근 서울 종로구 공평동 센트로폴리스 사무실 곳곳에 센서를 부착해 공간의 온도와 밝기, 습도 등 모든 정보를 기록하고 그 데이터를 통해 최적의 업무 환경을 제공하는 스마트 오피스 시스템을 운영 중이다.

블록체인 기술이 부동산 시장과 만나면 사람들은 적은 자본으로도 부동산을 거래할 수 있다. 증권형 토큰 STO Security Token Offering이나 부동산 전자증권은 부동산을 증권처럼 쪼개 그 내역을 블록체인 장부에 기록하고 거래하도록 한다. 기본적으로 부동산 펀드나 부동산 투자 회사와 비슷하지만, 중앙화된 증권거래소가 아닌 탈중앙화된 블록체인 장부에 기록한다는 것이 다르다.

신분당선 판교역을 나오자마자 보이는 알파돔시티 오피스 빌딩(크래프톤타워)는 매매가 5,000억 원이 넘는 건물로, 네이버, 카카오 계열사와 배틀그라운드로 유명한 크래프톤(옛 블루홀) 등이 입주해 있다. 2018년 신한금융지주의 계열사인 신한리츠운용이 상장 리츠인 신한알파리츠를 통해 공모가 5,000원에 5~6%의 배당수익을 거두게끔 했다. 커피 한 잔 가격으로 건물에서 나오는 임대료 및 부동산 가치 상승에 따른 수익을 나눠 갖는 셈이다.

국내 프롭테크 기업 카사 코리아Kasa Korea는 블록체인 기술을 이용해 투자 장벽을 더 낮출 전망이다. 부동산 임대료와 자본 수익을

SK텔레콤 센트로폴리스 사무실

많은 사람에게 나눠주려면 자산운용인력의 인건비와 각종 사업비, 회사 운영비 등을 지출해야 한다. 특히 거래소 상장 과정이 복잡해 그 비용과 수수료가 더 많다. 카사 코리아는 기존 부동산 투자 상품보다 거래 구조를 단순화하고 비용 구조를 효율화해 투자수익률ROI

을 높이면서도 상대적으로 규모가 작은 수십~수백억 원대 부동산에 5,000원부터 투자할 수 있는 플랫폼을 출시했다. 이미 2020년 11월 기준으로 가입자 수가 2만 명을 넘어서는 등 큰 관심을 받고 있다.

부동산 시장에 관한 관심과 투자는 끊이질 않고 있지만, 현실적으로 거시적인 부동산 시장의 대세 상승은 멈췄다. 어느 지역에 어떤 땅이 알짜배기이고 어떤 아파트가 투자가치가 높고 어느 건물을 사야 이익이 된다는 차원의 투자는 이제 부동산 투자의 대안이 되지 못한다. 부동산 시장의 기존 플레이어들이 프롭테크 기업에 관심을 두는 이유이기도 하다.

분양 위주의 시행사업이 경기 사이클에 따라 내리막을 타고 있는 상황에서, 건설사들도 새로운 먹거리를 찾고 있다. 정부 역시 대형 개발보다는 도시재생이나 소규모 건축 사업을 장려하는 상황이다. 데이터와 기술을 보유한 프롭테크가 좋은 물건을 핀포인팅하는 무기가 될 수 있는 이유다.

투자자 차원에서도 마찬가지다. 지난해 정부의 벤처 혁신 대책으로 부동산 임대업이 벤처 업종으로 포함됐다. 이에 따라 부동산 임대업을 업종으로 삼는 벤처 스타트업이라도 신기술과 결합하면 정부 모태 펀드의 출자를 받는 벤처 캐피털의 투자가 가능해졌다.

프롭테크가 부동산 산업의 미래가 될 수 있을까? 물론이다. 프롭테크는 부동산 비즈니스를 더욱 세분화시키는 동시에 시장 규모를 더욱 키워줄 것이다. 투자 먹거리가 늘어나는 것은 물론 부동산 시장이 가지고 있었던 다양한 문제들을 해결하며 한층 더 시장을 발전시킬 것이다. 또, 부동산 시장 소비자가 느끼는 불편함을 찾고 해결해 새로운 가치를 창출할 것이다. 바로 이 점이 부동산 시장에서 프롭테크의 활약이 기대되는 이유다.

지금부터 프롭테크 기업들이 시장의 문제를 정의하고 해결하는 방식을 좀 더 상세히 살펴볼 것이다. 우리는 이를 통해 부동산 시장의 미래를 엿보는 것은 물론, 부동산 비즈니스에 대한 새로운 인사이트를 얻게 될 것이다.

2장

전 세계는 왜 프롭테크에 열광하는가?

우리가 일상에서 쓰는 프롭테크 서비스 중 알 만한 것이라 하면 직방, 다방, 네이버 부동산, 다음 부동산 등이 제공하는 매물 중개 서비스가 떠오를 것이다. 그러나 엄밀히 말하면 프롭테크는 부동산 중개업뿐만 아니라 감정평가, 건축, 건설 등 부동산 영역에서 쓰는 다양한 소프트웨어와 플랫폼, 애플리케이션, 웹사이트, 기타 디지털 솔루션 등을 통칭한다. KB국민은행 부동산 애플리케이션 리브온Liiv-ON이나 신한은행 부동산 등 은행에서 제공하는 부동산 서비스도 여기에 포함된다. 개인 간 대출 상품 중 부동산 투자 상품을 중개하는 테라펀딩이나 어니스트펀드 등도 프롭테크(기업이자 서비스)의 하나라고 볼 수 있다. 우리에게 익숙한 숙박 공유 플랫폼 에어비앤비나 공유 사무실 기업 위워크, 패스트파이브FASTFIVE 등도 기술적 요소를 접목해 비어 있던 공간을 비즈니스로 활용한다는 점에서 프롭테크 기업이라고 볼 수 있다. 이 프롭테크의 목적은 매매, 임대차, 부동산 및 임대 관리, 감정평가, 부동산 금융, 마케팅, 부동산 개발, 설계, 시공, 투자 등 다양한 부동산 산업 분야에서의 효율성과 편의성, 투명성을 높이는 데에 있다.

국내에서는 2010년대 초 스타트업 열풍과 맞물려 신생 부동산 기술 기업들이 생겨났는데, 이들을 부동산 스타트업이라 부르다가 2017년 초부터 언론에서 '프롭테크'라는 단어를 처음 쓰자 이 부동산 스타트업을 프롭테크 기업이라 불렀다. 그러나 프롭테크 기업은 단순히 부동산 기업을 말한다기보다 IT 기술을 이용해 기존의 부동산 시장의 문제를 해결한다는 점에서 일반 부동산 기업과는 분명한 차이가 있다.

인공지능, 드론, 블록체인으로 진화하는 부동산

해외에서 프롭테크라는 단어가 처음 쓰인 것은 2015년 무렵이다. 2015년 1월, 영국의 스타트업 비즈니스 사이트 '스타트업스Startups'는 프롭테크라는 단어를 사용해 몸집을 키운 부동산 기술 기업들의 비즈니스 아이디어를 분석했다. 2014년 7월, 미국에서 온라인 부동산 정보 업체로 1위를 달리던 질로우Zillow가 2위 업체인 트룰리아Trulia를 35억 달러(당시 환율로 약 3조 6,000억 원)에 인수했는데, 월 방문객 7,000만 명이 넘는 초대형 사이트가 2,000만 명 규모의 2위 업체를 집어삼킨다는 소식이 큰 화제가 됐던 시기였다.[3]

하지만 그전에 프롭테크라 불릴 만한 기업이 아예 없었던 것은 아니다. 영국 옥스포드 대학 사이드 비즈니스 스쿨Said Business School의 앤드류 봄Andrew Baum 교수는 최근 부동산 기술에 대한 투자 움직임과 이전의 부동산 산업 및 IT 기술의 결합 움직임을 구분하려고 특징에 따라 프롭테크 1.0~3.0으로 그 시기를 나누고 그에 따른 특징과 이를 대표할 만한 기업들을 분류했다. 그는 현재 프롭테크 산업이 컴퓨터가 막 도입되던 1980~2000년대의 프롭테크 1.0 시대를 지나, 모바일로 대변되는 프롭테크 2.0 시대를 지났다고 설명한다. 그리고 빅데이터, 사물인터넷, 인공지능, 가상·증강현실, 드론, 블록체인 등 새로운 IT 기술과 융합되는 부동산 산업이 새로운 프롭테크 3.0 시대를 열고 있다고 했다.

각 시기별 특징을 좀 더 세세하게 살펴보면, 우선 프롭테크 1.0의 시기인 1980년대 미국과 영국에서는 PC와 스프레드시트 같은 소프트웨어가 부동산 산업에 도입됐다. 이전에는 손으로 장부를 정리

[3] 2015년 이전에는 도시 관련 웹 매거진 '시티랩(CityLab)'의 편집장이자 《도시는 왜 불평등한가》를 쓴 미국의 저명한 도시계획 전문가 리처드 플로리다(Richard Florida) 토론토대 비즈니스 스쿨 교수가 2014년 말 '부동산 기술의 도래(The Rise of Real Estate Tech)'라는 제목의 기고를 통해 처음으로 부동산 기술 기업의 성장세를 짚기도 했다.

하고, 수익률을 계산하던 부동산 회사들이 이 시기에 처음으로 컴퓨터를 도입해 디지털 문서를 사용하기 시작한 것이다. 지금도 건축, 엔지니어링, 건설 산업 등에서 널리 쓰이고 있는 오토데스크 Autodesk의 컴퓨터 기반 설계 CAD 소프트웨어도 이때 나왔다.

1995년 무렵부터 2000년 무렵까지 인터넷 관련 분야가 성장하면서 미국을 포함해 전 세계적으로 닷컴 붐이 불었다. 당시 설립된 기업으로는 세계 최대 규모의 오픈마켓 기업 아마존과 이베이가 있다. 이 닷컴 붐이 꺼져가던 2000년대부터 부동산 기술이 꽃을 피우기 시작했는데, 영국 최대 주택 중개 사이트 라이트무브 Rightmove는 2000년에 설립됐고, 그 뒤를 잇는 주플라 Zoopla는 2007년에 설립됐다. 현재 미국에서 가장 큰 매물 수를 보유한 질로우는 2006년에, 트룰리아는 2005년에 설립됐다. 이것만 보면 부동산 기술이 IT 붐에 후행하는 모양새다. IT 기술이 호황일 때는 부동산 경기를 포함한 경기 전반이 양호해 부동산 기술에 투자 수요가 많지 않았던 탓도 있는 듯하다. 현재 대표적인 국내 종합 부동산 포털 회사인 부동산114도 비슷한 시기인 1999년 '모두넷'이라는 이름으로 설립됐다. 그밖에 알투코리아, 네이버 부동산 등 1세대 부동산 서비스를 내놓은 기업들도 프롭테크 1.0에 해당한다.

2000년대 후반에서 2010년대 중반에 이르는 프롭테크 2.0 시기에는 아이폰의 등장과 함께 발달한 IT 기술(클라우드 컴퓨팅, 모바일 기기, 와이파이 및 4G 통신, 센서 기술 등)과 결합한 부동산 서비스가 나왔다. 모바일 뱅킹이나 전자상거래, SNS, 오픈소스 소프트웨어, 플랫폼 등과 결합한 서비스도 마찬가지다. 프롭테크 2.0에 해당하는 기업은 공유 사무실 기업 위워크와 미국의 인테리어 플랫폼 하우즈Houzz, 상업용 부동산 전문 온라인 경매 기업 텐 엑스Ten-X, 부동산 중개 스타트업 컴퍼스Compass 등이 있다. 국내에서는 모바일 애플리케이션을 통해 몸집을 키운 직방, 다방 등 2세대가 프롭테크 2.0 기업에 해당한다. 최근 프롭테크 흐름에 힘입어 커진 상가 매물 중개업체 '네모'나 인테리어 플랫폼 '오늘의집' 등도 프롭테크 2.0 기업에 해당한다.

부동산을 가상현실 서비스로 제공하는 큐픽스나 3D 솔루션으로

	프롭테크 1.0	프롭테크 2.0	프롭테크 3.0
시기	1980~ 2000년대 초	2000년대 말~ 2010년대 중반	2010년대 말~
특징	수기 장부에서 컴퓨터로 업무 방식 전환	모바일 부동산 또는 스마트폰으로 업무 처리	빅데이터·인공지능 기반 부동산 정보 자동 처리, VR·AR 등 기술 도입, 스마트 홈·스마트 시티 등
대표 기업	오토데스크(미국), 질로우(미국), 라이트무브(영국), 부동산114, 네이버 부동산	컴퍼스(미국), 하우즈(미국), 직방, 다방	매터포트(미국), 이케아(노르웨이), 큐픽스, 어반베이스, 스페이스워크, 디스코 등

프롭테크 1.0~3.0 시기의 특징

제공하는 어반베이스, 인공지능 기반 토지 개발 솔루션 스페이스워크, 부동산 빅데이터 업체 디스코, 부동산 자금 중개 플랫폼 테라펀딩 등은 국내에서 3세대 부동산 서비스 업체라고 불리며, 프롭테크 3.0 시기의 기업에 해당한다.

한편, 봄 교수는 2017년 학계 최초로 프롭테크 산업을 정의하고 분류했는데, 프롭테크를 스마트 부동산, 공유 경제, 부동산 핀테크를 아우르는 좀 더 큰 개념으로 봤다. 스마트 부동산은 건설 산업을 혁신하는 콘테크Contech와 스마트 빌딩, 스마트 시티 등 부동산 영역에서 인간 삶의 편의성 및 효율성을 증대시키는 기술을 의미한다. 핀테크의 경우 프롭테크와 구분하면서 핀테크 영역 안에서도 부동산에 특화된 핀테크를 부동산 핀테크로 정의했다(단, 핀테크와 공유 경제에는 부동산을 제외한 영역이 있어서 부동산과의 교집합만을 프

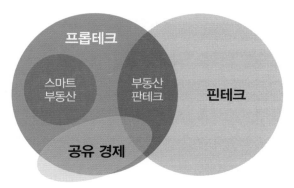

앤드류 봄 옥스퍼드대 교수의 프롭테크 분류(2017)

롭테크라고 이해해야 한다). 봄 교수가 주장한 바대로 스마트 부동산, 공유 경제, 부동산 핀테크 3가지 하위 영역으로 프롭테크 기업을 나누면, 각각의 영역은 다시 기능에 따라 정보 제공, 거래·시장, 관리·제어 영역으로 분류된다. 이렇게 하면 총 9가지로 분류되는 셈이다(2020년 그의 새 보고서에선 스마트 부동산을 콘테크와 프롭테크의 교집합으로 봤고, 규제 기술인 리걸테크Legaltech를 추가했다).

물론 이 분류 체계가 절대적 기준은 아니다. 프롭테크는 새롭게 등장하는 영역이다 보니 아직 통일된 분류가 없다. 각 국가나 집단에서 편의에 맞게 분류하는 경향도 있다. 국내에서는 한국프롭테크포럼이 기능과 기술 분야에 따라 크게 부동산 마케팅 플랫폼, 쉐어 서비스, 부동산 관리 솔루션, 사물인터넷·스마트 홈, 데코·인테리어, 건설 관리 및 증강·가상·혼합 현실, 데이터 및 감정평가, 클린·그린 테크, 펀딩 및 P2P, 블록체인 등 10개 영역으로 분류해놓고 있다. 반면 과학기술정보통신부 산하 연구소인 소프트웨어정책연구소는 중개 및 임대 영역, 부동산 관리 영역, 프로젝트 개발 영역, 투자 및 자금 조달 영역 등 크게 4가지로 분류했다.

부동산의 기능적 용도에 따라 주택 같은 주거용 부동산, 상가 및 사무실 같은 상업용 부동산, 창고나 공장 같은 산업용 부동산, 3가지로 분류하고 이 각각의 부동산에 적용할 수 있는 기술로 프롭테크를 나눌 수도 있다.

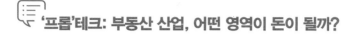

'프롭'테크: 부동산 산업, 어떤 영역이 돈이 될까?

프롭테크 산업의 영역이 점점 세분화되고 있으나 한국의 경우 여전히 부동산 시장에 기술을 접목한 비즈니스는 낯설기만 하다. 그렇다 보니 한국에서는 프롭테크 산업의 하위 영역에 어떤 비즈니스가 있고, 이를 어떤 방향으로 키울 수 있는지 감을 잡기가 쉽지 않을 것이다. 이 부분을 알려면 일단 의사가 해부도를 공부하듯 대한민국 부동산 산업의 '골격'을 먼저 이해할 필요가 있다.

한국표준산업분류표에 따르면 부동산 산업은 크게 부동산 임대업과 부동산 개발 및 공급업, 부동산 관리업, 부동산 중개·자문 및

부동산 산업	부동산 임대 및 공급업	부동산 임대업	주거용 건물 임대업 비주거용 건물 임대업 기타 부동산 임대업
		부동산 개발 및 공급업	주거용 건물 개발 및 공급업 비주거용 건물 개발 및 공급업 기타 부동산 개발 및 공급업
	부동산 관련 서비스업	부동산 관리업	주거용 부동산 관리업 비주거용 부동산 관리업
		부동산 중개·자문 및 감정평가업	부동산 중개 및 대리업 부동산 투자 자문업 부동산 감정평가업

부동산 산업 종류(2017년 개정)

감정평가업 4가지로 분류된다. 이 산업의 연간 매출액 규모는 통계청 자료를 기준으로 129조 원 정도이며, 이는 대한민국 국내총생산 GDP의 7%를 차지하는 수준이다.

부동산 산업 하면 가장 먼저 떠오르는 것이 아마 부동산 중개업일 것이다. 직거래가 드문 부동산 시장에서, 좋은 공인중개사를 찾는 것이야말로 좋은 부동산을 찾는 필수 조건이기 때문이다. 그만큼 가장 활발하게, 가장 눈에 띄게 프롭테크 기업들이 생겨나는 분야이기도 하다. '부동산 중개' 하면 가장 먼저 머릿속에 떠오르는 서비스가 무엇인가? 직방과 다방, 네이버 부동산 등이 떠오를 것이다. 다만 엄밀히 따지면 이들은 부동산 매물을 직접 중개하는 것이 아니라 중개사들의 매물을 광고해주는 플랫폼이다. 매물 하나당 수천에서 수만 원의 광고비를 받는다.

부동산 임대업은 말 그대로 부동산을 빌려주고 임대료를 받는 사업 모델을 영위한다. 주택을 빌려주는 주거용 건물 임대업과 상가, 사무실, 공장 등을 빌려주는 비주거용 건물 임대업, 농지나 광산 등을 빌려주는 기타 부동산 임대업이 여기에 해당한다. 통계청에 따르면 부동산 임대업 분야에서 연간 14조 원 정도의 매출액이 나오는데, 이는 2019년 한국 게임 산업 시장 규모와 맞먹는다. 2018년 기준으로 임대사업 신고를 한 사업체 1만 4,413개, 4만 6,440명의 데이터만을 기준으로 했으니, 국세청에 신고한 40만 명이 넘는 임대사업자를 포함하고, 신고하지 않은 사적 임대주택 500만 채까지 더한다면 그 규모는 훨씬 더 커질 것이다.

　방 하나, 가게 하나 빌리고 빌려주는 데에도 여러 불편한 과정들이 발생한다. 빌리는 사람의 경우 일단 원하는 공간을 찾고, 계약서를 작성하기까지 수많은 시간을 투자해서 발품을 팔아야 한다. 어떤 공간이 어디에, 얼마나 있는지 한눈에 찾아보기가 어려워 원하는 물건을 찾으려면 오랜 시간 돌아다니는 수밖에 없기 때문이다. 또 그렇게 고심해서 공간을 찾았다고 해도 잠깐 살펴본 결과만으로 만족할 만한 정보를 얻기 어렵다. 그 공간에 오래 있어 봐야 알 수 있는 결점들이 존재하기 때문이다. 거기다가 자금이 모자라 전세 대출이라도 받으려면 계약서에 등기부등본, 소득증명 등 각종 서류를 떼서 은행에 제출해야 한다. 조금이라도 더 괜찮은 조건으로 대출을 받으려면 발품을 또 팔아야 한다. 이렇게 어떤 공간이 마음에 든다고 해도 계약을 결심하고 도장을 찍기까지는 신경 써야 할 일이 이만저만이 아니다. 계약했다고 해서 끝난 게 아니다. 매달 빼먹지 않고 정확한 날짜에 월세도 내야 하고, 혹시나 다른 집으로 이사하려면 미리 집주인에게 통보도 해야 한다.

　빌려주는 사람이라고 일이 없는 게 아니다. 괜찮은 임차인을 찾는 데 신경 써야 하는 것은 기본이거니와 계약 이후에도 월세가 들어왔는지 확인하고, 세입자의 계약 만료는 언제인지 확인하고 이들이 나간다고 하면 새로 들어올 사람을 또 구해야 한다. 관리하는 곳이 여러 군데라면, 그만큼 여러 사람과 소통해야 하고, 혹시 임차인을 구하기가 어려운 입지라면 어떻게 공간을 매력적으로 보이게 할지도 고민해야 한다. 사업자라면 세금을 내고 정산도 해야 하는데, 부동산 세금은 여간 복잡한 것이 아니다. 공간을 몇 개나 가지고 있는지, 버는 임대료 수입은 얼마인지, 부동산 종류는 무엇인지, 지역은 어디인지 등에 따라 계산이 복잡해지기도 한다.

이러한 문제를 해결해주는 프롭테크 기업이 생겼는데, 바로 링크하우스다. 이 기업의 '홈버튼' 서비스는 임대인들의 가려운 곳을 긁어준다. 세입자가 돈을 제때 입금했는지 확인하고, 미납하는 경우 세입자에게 메시지를 보내는 등 집주인이 꺼리는 일을 스마트폰을 통해 처리해준다. 집 여러 채를 임대하는 임대사업자나 집주인들을 대신해 소형 주택 여러 채를 관리하는 관리형 부동산 중개업소가 주요 고객이다. 중개 서비스뿐만 아니라 이런 여러 가지 복잡한 과정을 해결해주는 프롭테크 기업이 많이 생겨난다면 그만큼 효율적인 거래가 가능하다.

부동산 개발 및 공급업도 중개업과 마찬가지로 주거용과 비주거용, 기타 부동산 등으로 구분된다. 부동산 개발 업체들은 직접 땅을 사서 용도를 바꾸거나 건물을 올려 이를 분양·판매하는 방식으로 수익을 올린다. 이 업계는 매출액이 77조 원(2018년 기준)이 넘을 정도로 큰 시장인데, 그만큼 상대적으로 시장 진입 장벽도 높다. 그러나 시장성이 커서 기술을 접목했을 때 따르는 효과 역시 클 것이라 예상된다. 2020년 기준으로 주요 부동산 개발사 중에 IT 기술을 활용하는 사례는 나타나지 않았지만, 현대산업개발이나 우미건설, 호반건설 등이 프롭테크 기업에 적극적으로 투자하고 있다. 시행사 중에서는 한국자산신탁을 소유하고 2019년 서울시 서초동 정보사령부 부지를 매입한 엠디엠MDM이나 힐스테이트 삼송역, 힐스테이트 판교 모비우스, 기흥역 파크 푸르지오 등을 개발한 피데스개발 등이 관심을 두고 있다.

그렇다면 프롭테크가 부동산 개발업 시장을 어떻게 더 키울 수 있을까? 이를테면, 부동산 개발 업체는 개발에 적합한 땅을 조달하는데 많은 공을 들인다. 그러려면 특정 부동산이 개발 가능한지, 해당 부지에 어떤 종류의 건축물을 지을 수 있는지, 몇 층까지 올릴 수 있는지, 용적률(대지면적 대비 건축연면적 비율)과 건폐율(대지면적 대비 바닥면적)은 어떤지, 도시 내에 주택을 짓는다면 일조권이나 주차장 문제와 같이 신경 쓸 부분이 없는지 등 규제 사항을 꿰고 있어야 한다. 그뿐만 아니라 주변에 그 부동산의 가치를 상승시킬 수 있는 호재가 있는지, 개발 인허가를 받을 때 위험 요인은 없는지, 민원 사항은 없을지 등 주변 소식에도 귀를 기울여야 한다. 인근 지역의 경기가 좋지 않거나 큰 사고가 난 적이 있거나 하는 등 사람들이 입주를 피할 요소가 있다면 적극적으로 문제를 해결하거나 개발이익을 떨어뜨릴 만한 요소는 최대한 피해야 한다.

큰돈이 들어가는 사업인 만큼, 자금을 조달하는 방법도 사업의 성패를 좌우하는 요소다. 돈을 어디서 빌릴지, 어떻게 하면 더 낮은 이자율로 가져올지는 어떤 금융 구조와 조건으로 자금을 조달하느냐에 따라 다르다. 좋은 조건으로 받으려면 금융기관에 사업을 얼마나 성공적으로 마칠 수 있는지를 설명해야 한다. 이런 수많은 요소가 영향을 끼치는 부동산 개발 과정에 데이터를 수집하고 정교하게 다듬는 기술이 접목된다면 사업의 위험 요인은 그만큼 더 줄어들 것이고 기회는 더 많아질 것이다.

부동산 관리업도 부동산 산업 하면 비교적 쉽게 떠올릴 수 있는 분야다. 부동산 관리업에는 조경이나 청소, 도색은 물론이거니와 관리비 정산, 시설 관리 등도 포함된다. 아파트에서 쉽게 볼 수 있는 관리사무소 운영 등이 이 범주에 속한다. 부동산 관리업도 매출액이 25조 원이나 되는 큰 시장인데, 앞으로의 성장 가능성은 더 크다. 이 업종의 경우 아직 전사적 자원 관리 시스템ERP이나 기업 형태의 체계적인 시스템을 갖췄다기보다 영세한 주택 관리 회사가 운영하는 것이 대부분이기 때문이다.

강남, 여의도 등에 있는 높고 비싼 건물들을 관리하는 메이트플러스나 젠스타, CBRE코리아, 세빌스코리아, 신영에셋 등은 고도화된 관리 체계를 갖고 있지만, 일반적인 아파트 단지만 하더라도 그렇지 않은 경우가 많다. 주택 관리 분야에서 업계 1위는 '우리관리'

라는 회사인데, 매출액이 2019년 기준 1,110억 원 정도다. 시장 규모가 영세하고 많은 관리사무소가 업무를 디지털화하기보다는 수기로 된 데이터를 보관하는 경우가 많다 보니, 관리소장이 입찰 부정이나 관리비 횡령, 회계 처리 부실 같은 비리를 저지르거나 입주자 대표가 권한을 유용하는 등 관리가 제대로 되지 않는 경우도 생긴다. 만약 프롭테크 기업들이 아파트 관리 시장에 뛰어들어 디지털 데이터 관리 기술을 뿌리내리게 한다면 문제는 더 쉽게 해결될 것이다.

최근 직방에 인수된 '모빌', 아파트 생활 편의 서비스 플랫폼인 '잘 살아보세'를 내놓은 '㈜살다'는 아파트 관리사무소와 커뮤니티를 중심으로 서비스 및 데이터 사업을 영위하고 있다. 공동구매, 공동교육 등 커뮤니티 서비스가 특화된 아파트가 늘고 더 높은 수준의 주거 서비스를 기대하는 사람들이 늘면서, 더 다양하고 차별화된 서비스를 제공하는 부동산 관리 업체들도 속속 등장할 것으로 보인다.

에너지 효율화, 인력 효율화 등을 통한 관리비 절감도 프롭테크 기업들이 노릴 수 있는 부분이다. 데이터 처리 능력이 강점인 프롭테크 기업이라면 냉난방이나 조명, 전력, 수도 이용 데이터 등을 패턴화해 어떻게 하면 가장 저렴하게 자원을 쓸 수 있을까 고민하고 해답을 내놓으면 유리할 것이다. 경비 인력을 로봇이나 자동 입·출입 시스템, CCTV 등을 갖춘 통합 경비 시스템으로 대체하는 경비 업체들은 이미 기술 지향적으로 움직이고 있다. 삼성 계열사인 보안 업체 에스원은 빌딩 제어 솔루션 전문 기업인 미국의 하니웰Hon-eywell과 손을 잡고 스마트 빌딩 사업에 진출하기도 했다.

  표준분류표에 따른 부동산 산업에 속하지는 않지만, 건설업이나 건축업 그리고 이와 관련된 엔지니어링 서비스업 등도 크게 보면 부동산 산업에 속한다고 볼 수 있다. 주택, 공장 등을 짓는 전문 건설업, 인프라나 시설물 등을 짓는 토목 건설업, 실내 건축이나 전기 및 통신 설비 시공, 시설물 유지 관리 공사업 등도 모두 포함된다. 또 분양 대행이나 임대 대행 같은 부동산 서비스업, 소비자들에게 물건을 마케팅하는 광고 업종도 넓은 의미에서 부동산 산업에 넣을 수 있을 것이다.

  프롭테크 기업들은 이런 여러 부동산 산업 영역에 IT 기술을 접목해 사람이 반복하는 업무를 자동화하거나 불필요한 기능을 없애 능률을 높여 기회를 얻을 수 있다. 가령 플랫폼 비즈니스의 경우 사람이 하는 일을 플랫폼이 대신해 중개인을 생략하고도 거래할 수 있도록 하고, 집을 빌려줄 때 보내야 하는 고지서를 대신 보내주기도 한다. 이런 식으로 부동산 산업의 골격을 이해하고 하위 영역에 어떤 비즈니스들이 있는지 알면, 프롭테크를 이해하는 것은 물론 프롭테크 시장이 얼마나 무궁무진하게 발전할 수 있는지, 어떤 비즈니스 기회를 잡을 수 있는지 알게 될 것이다.

프롭'테크': 부동산 시장에서 돈 버는 11가지 스마트 기술

프롭테크를 이해하기 위해 부동산 산업 분야를 꼼꼼하게 살펴봤다면, 이제 구체적으로 어떤 IT 기술들이 부동산 산업과 결합할 수 있는지 뜯어볼 필요가 있다. 또 이 기술들이 부동산 시장의 문제를 어떻게 해결하는지 알면 앞으로 어떤 프롭테크(부동산 비즈니스)가 대세로 떠오를지 짐작해볼 수 있을 것이다. 부동산 문제가 다양한 만큼 해법도 각양각색이겠지만, 가장 대표적인 것들을 선별하여 이 책에서 소개해보려 한다. 특히 앞서 밝힌 부동산 시장의 4가지 고질적 문제들을 해결할 수 있는 기술들을 중심으로 간단히 설명하고, 그 기술들이 구체적으로 시장을 어떻게 바꾸고 있는지는 각 장을 할애하여 설명할 것이다.

① 자동화

많은 산업 분야에서 생산 부문에 기계를 도입해 자동화 시스템으로 바꾼 지 오래다. 이제 사람이 수작업으로 단순노동을 하거나 확인하는 일은 극히 드물다. 글로벌 컨설팅 회사 KPMG는 변화가 느린 부동산 시장은 자동화 기술이 도입되는 것만으로도 많은 변화가 일어날 것이라고 언급했다. 자동화 시스템을 부동산 산업에 적용하면 가장 눈에 띄는 변화는 매물 관리를 좀 더 효율적으로 할 수 있게 된다는 점이다. 가령 아직도 부동산 매물을 수기로 관리하는 경우가 많은데, 엑셀 등 데이터를 관리할 프로그램을 이용하면 좀 더 쉽게 공유하고 빠르게 검색할 수 있다. 실제 프롭테크 기업들은 매물 관리 외에도 임대 관리, 부동산 거래, 매물 검증 같은 부분을 자동화하고 있다.

② 빅데이터

목적에 맞게 다양한 데이터를 수집하고 분석하는 빅데이터 기술은 다변화된 현대사회를 더욱 정확히 예측해 효율적으로 작동하게끔 도와준다. 그뿐만 아니라 이를 통해 사회 구성원 개개인에게 좀 더 맞춤형 정보를 제공할 수 있다. 부동산 산업에 빅데이터 기술을 접목한다면 1,000만~수십억 원 단위의 주택 가격 정보를 모아 지역별 가격 정보를 제공할 수 있게 되고 면적, 위치, 방 개수, 연식 등에 따라 개인에게 맞는 주택 정보도 제공할 수 있다.

③ 인공지능

AI 기술 덕분에 컴퓨터나 기계는 인간의 언어를 듣고 이해하거나 사물을 보고 무엇인지 구별할 수 있게 됐다. 특히 빅데이터와 딥러닝으로 강화된 AI는 인간의 능력을 모사할 뿐만 아니라 뛰어넘을 수도 있게 됐다. 최근 부동산 시장에 AI를 활용한 예가 무엇이 있을까. 부동산 자산을 정확히 평가하고 이를 집주인에게 직접 이야기해주는 챗봇을 들 수 있다. 그뿐만 아니라 사람의 이야기를 알아듣고 대답하는 홈 비서나 방범 카메라로 수상한 사람의 신원을 확인하는 스마트 홈·스마트 시티 역시 부동산 산업에 AI 기술이 접목된 사례라고 볼 수 있다.

④ 사물인터넷

센서를 이용해 데이터를 모으고 이를 다른 기기들과 연동하거나 관리하게끔 해주는 사물인터넷 기술은 이미 우리 생활 깊숙이 자리 잡았다. 도어락이나 에어컨 등에 통신 기능을 내장해 원격으로 문을 여닫거나 온도를 조절할 수 있는 사례만 보아도 그렇지 않은가. 부동산 산업에서 이를 좀 더 다양한 공간에 활용하려는 추세인데, 가령 사무실 곳곳에 센서를 부착해 사람들이 많이 모이는 공간을 파악하고 그곳에만 조명을 켜거나 난방을 켤 수 있게끔 하는 등 효율적으로 자원을 사용하려는 시도들이 늘고 있다.

⑤ 가상·증강 현실

가상현실을 활용하면 집을 구할 때 직접 그 집에 가보지 않고도 가상 이미지를 통해 집의 구조를 파악할 수 있다. 증강현실 기술을 이용하면 현실 공간에 다양한 평면의 공간을 입체적으로 합쳐서 볼 수 있는데, 쉽게 말해 2D 평면으로 된 도면을 3D로 확인할 수 있다고 보면 된다. 벽이나 방의 실제 크기를 잰다거나 가구를 직접 사서 놓아보지 않아도 가상의 방에 가구를 미리 배치해볼 수 있는 증강현실 기술까지 상용화되어 있다.

집의 구조와 가구를 미리 확인할 수 있는 어반베이스의 가상현실 서비스

⑥ 블록체인

블록체인의 장점은 다수의 사람이 같은 데이터를 분산 저장해서 가지고 있어 누구도 임의로 데이터를 수정할 수 없고, 누구나 데이터의 결과를 열람할 수 있다는 것이다. 블록체인 기술을 이용하면 기본적으로 데이터의 위·변조가 어려워 중개인이나 기관 없이도 신뢰할 만한 거래와 데이터 주고받기가 가능하다. 부동산 등기부 등본 같은 공신력 있는 서류는 법원 등기소 관할 하에 국가가 책임지는데, 여기에 블록체인 기술을 이용하면 중앙화된 기관 없이도 저비용으로 신뢰성을 갖춘 데이터(문서)를 가질 수 있게 된다. 실제 공

권력이 약한 조지아, 온두라스 등 개발도상국이나 관리 비용을 절감하려는 미국, 노르웨이 등 선진국에서는 등기부등본을 블록체인으로 관리하는 작업을 진행하고 있다.

⑦ 3D 프린팅

입체적으로 사물을 구현해내는 3D 프린터는 일반적으로 플라스틱 같은 경화성 소재를 쓴다. 또 종류에 따라 금속이나 나무를 이용해 물체를 만들기도 한다. 프린터 기계 자체가 커서 부피나 높이 등의 제한이 따르지만 3D 프린팅 기술이 건축 산업을 뒤바꿀 혁신적인 기술로 부상하고 있는 것은 사실이다. 실제 네덜란드에서는 2019년부터 3D 프린터로 임대주택 단지를 짓고 있다.

네덜란드 임대주택 단지

⑧ 드론

리모컨으로 조종하는 무인비행기 드론은 정찰, 폭격 등 군사용 목적으로 발명됐다. 하지만 최근에는 촬영 용도로 더 주목을 받고 있다. 드론을 사용해 건설 현장에서 얻은 데이터로 토지를 손쉽게 측량하거나 공사 현장 관리, 건축물 아카이빙 등에 드론의 도움을 받을 수 있다. 가령 토지 측량의 경우 측량 전문가가 도구를 가지고 직접 현장에 가서 일하는 수고를 획기적으로 줄일 수 있다. 사람이 접근하기 어려운 지역이나 위험한 환경 등에 대한 정보도 드론을 이용하면 쉽게 얻을 수 있고, 눈으로 보지 못하는 부분까지 정밀하게 모니터링할 수 있다. 이미지나 동영상을 찍어 현장에 직접 가지 않아도 공사 진척 상황이나 시공 품질을 실시간으로 파악해 시공할 때 발생하는 문제나 불만을 줄일 수도 있다. 최근에는 택배를 나르는 물류용 드론이나 사람을 나르는 드론 택시에 관한 연구가 계속되고 있는데, 이러한 아이디어가 상용화되면 '역세권'이 아니라 '드론세권' 같은 새로운 입지 형태가 나타날지도 모른다.

⑨ 디지털 트윈

디지털 트윈 기술은 쉽게 말해 컴퓨터를 이용해서 가상세계에 현실에서와 같은 '디지털 쌍둥이'를 만드는 것이다. 각종 센서를 이용해 현실에 있는 어떤 물체에 변화를 주면, 가상세계에 만들어둔 쌍둥이도 같이 변한다. 이 기술은 2014년 제너럴 일렉트릭GE 사가 제안한 이후 2018년 글로벌 조사기관 가트너Gartner가 선정한 10대 핵심 미래 기술에 선정됐다. 이 기술을 부동산 산업에 적용하면 설비의 이상 징후를 사전에 감지하여 고장 전에 정비할 수 있고, 에너지 흐름을 분석해 낭비 요인을 제거할 수도 있다. 싱가포르는 디지털 트윈 기술을 이용해 도시의 지형과 건물, 도로, 사람의 이동, 열, 전기 이용 등을 디지털 공간에 재현하고 시민들이 사회문제를 해결하는 데 필요한 각종 모의실험을 할 수 있게 해놨다.

⑩ 로봇

건설 현장에서 로봇은 사람을 대신해 궂은일을 도맡아 한다. 〈포춘〉에 따르면 컨스트럭션 로보틱스Construction Robotics 사가 만든 로봇 샘SAM은 인부들을 대신해 벽돌을 쌓고 시멘트와 모래를 물로 반죽한 모르타르를 칠한다. 같은 회사의 로봇 뮬MULE은 3.7m 길이의 팔로 무거운 시멘트 블록을 들어 올린다. 일본에서는 메이저 건설사 중 하나인 시미즈건설이 만든 로봇이 사람을 대신해 용접이나 리프트, 볼트 작업을 한다. 우리나라에서는 최근 현대건설이 다관절 산업용 로봇을 현장에 처음 투입, 시범 적용했다. 로봇은 건설 숙련공이 하던 업무 패턴을 프로그래밍 받아 드릴링이나 페인트칠 같은 단일 작업을 하는 현장에 투입됐다. 이밖에도 한화건설은 우아한형제들(배달의민족)과 협업해 한화건설의 아파트 단지에 배달음식을 나르는 자율주행 로봇 '딜리'를 도입하기도 했다.

우아한형제들이 만든 '딜리'

⑪ 4D 프린팅

3차원 물체를 복제하고 생산하는데 이어, 그 물체가 사람의 힘을 빌리지 않고도 자가변환Self-Transformation해 알아서 조립되는 4D 프린팅 기술도 개발되고 있다. 앞서 말한 3D 프린터가 가상공간에 구현된 사물을 3차원 입체 형태로 뽑아낼 수 있는 것이었다면, 이 기술은 가열이나 진동, 중력 등 다양한 자연의 에너지원에 의해 자극을 받아 물체의 형태가 변한다. 쉽게 이야기하면 3D 프린터처럼 제품을 찍되, 물, 온도, 압력 등 외부 환경 변화에 반응하는 형상기억합금과 같은 소재를 써서 출력하는 것이다. 메사추세츠 공과대학이 공개한 영상을 보면 T자 모양의 정육면체 전개도 판을 물에 넣었더니 저절로 정육면체로 조립되는 모습을 볼 수 있다. 미국 지오신텍 GEOsyntec은 4D 프린팅을 이용해 물의 흐름에 따라 형태를 달리하는 배관의 프로토타입을 만들기도 했다. MIT 부동산혁신연구소는 4D 프린팅을 향후 건설 현장에서 가장 주목받을 10개의 기술 중 하나로 꼽았다.

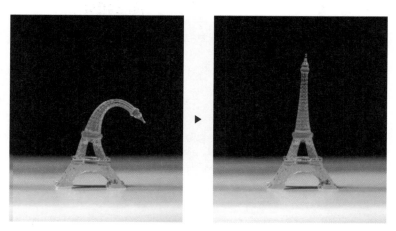

4D 프린팅 예시
휘어 있던 에펠탑 모양의 물체가 섭씨 60도의 열을 받아 원래 모습으로 돌아왔다.

부동산계 쿠팡, 토스와 배민이 온다

2010년대 초 아이폰이 등장하고 '팜가⁴'를 위시한 기술 기업들이 시장에서 맹위를 떨친 반면, 부동산 산업은 상대적으로 기술의 영향을 뒤늦게 받았다. 규모가 크고, 변화가 느린 산업 분야이니 더욱 그랬을 것이다. 글로벌 부동산 업체 존스랑라살ﻦﻦ에 따르면 전 세계 부동산 자산은 280조 달러(33경 3,676조 원, 2017년 말 기준)에 달한다. 같은 기간 대한민국 1년 GDP가 1조 5,300억 달러이고, 전체 금의 가치가 7조 7,000억 달러, 모든 글로벌 상장 기업의 가치를 합한 가격이 81조 4,300억 달러 정도 되는데, 이와 비교하더라도 부동산 자산의 규모는 감조차 잡기 어려울 만큼 어마어마하다. 국가와 민간 부문에 있는 모든 채권(215조 달러)을 환산해도 부동산의 가치에 미치지 못한다.

이렇게 시장 규모가 크지만, 자산의 가치가 크고 자본이 많이 필요하다 보니 유동화가 어렵고 시장의 움직임 또한 빠르지 않다. 실제 서울시 아파트의 매매 소요 기간은 평균 76일로, 영미권 3개월 이상, 중국 6~12개월보다 빠르지만, 여전히 시간이 걸리는 편이다. 매물 탐색, 서류 확인, 계약서 작성, 계약금·중도금 및 잔금 납

---

4 FAMGA, 페이스북(Facebook), 애플(Apple), 마이크로소프트(Microsoft), 구글(Google), 아마존(Amazon)의 첫 글자를 따서 만든 약자로 거대 정보통신 기술 기업들을 일컫는 말.

부, 각종 등기, 세금 납부 등 절차가 복잡한 부동산 시장에서의 의사결정 과정 역시 프롭테크 발전을 더디게 한다.

국내보다 상대적으로 빠르게 발달한 해외의 경우, 프롭테크 성장의 촉발은 초기 부동산 매물 정보 기업들의 선전에서 찾을 수 있다. 2000년대 설립된 질로우, 트룰리아, 라이트무브, 주플라 같은 기업들이 성장한 덕분에 시장에서 프롭테크 기업들이 활발히 생겨났다. 스타트업 투자는 선례가 생기면 다음 투자도 쉬워지기 때문이다.

부동산 산업의 보수적인 특성과 어려운 접근성 덕에 초기 프롭테크 기업들은 기존 부동산 기업이나 금융권, 테크 기업을 끼고 창업하는 경우가 많았다. 가령 영국의 라이트무브는 영국의 4대 부동산 법인인 핼리팩스Halifax와 컨트리와이드Countrywide, 로열 앤드 선 얼라이언스Royal & Sun Alliance, 코넬스Connells 등 4개 회사가 조인트벤처로 만든 법인이다. 미국의 질로우도 마이크로소프트의 경영진을 역임하고 온라인 여행 플랫폼 익스피디아Expedia를 창립한 로이드 프링크Lloyd Frink와 리치 바튼Rich Barton이 창업했다.

프롭테크 시장이 커나가는 데 주목할 만한 사건이자 시작점은 앞서 이야기한 2014년 말 질로우가 동종 업계 2위를 달리던 트룰리아를 인수한 것이었다. 프롭테크 기업의 성공적인 출구전략 레퍼런스를 보여주었기 때문이다. 미국의 스타트업 전문 조사기관 CB 인사이트에 따르면 2012년까지는 부동산 기술에 대한 VC 투자가 연 1억 달러(1,100억 원) 미만으로 미약한 수준이었다. 그런데

2013년부터 128개 기업에 5억 1,900만 달러(약 6,100억 원)가 투자되더니 2014년 12억 2,500만 달러, 2015년 21억 1,700만 달러, 2016년 28억 9,300만 달러, 2017년 34억 1,900만 달러로 증가했다. 그뿐만 아니라 투자 대상 기업도 2014년 211개에서 2017년 374개로 꾸준히 증가했다. 2018년 10월 한 해에만 투자된 금액이 39억 4,500만 달러(약 4조 7,000억 원)였으며, 대상 프롭테크 기업은 335개였다.

프롭테크 기업에만 투자하는 벤처 캐피털이나 액셀러레이터들도 생겼다. 영국의 파이랩스PiLabs와 미국의 메타프롭 NYCMetaProp NYC, 피프스 월Fifth Wall 등은 프롭테크 기업만을 대상으로 투자하는 회사다. 손정의 회장의 소프트뱅크도 사우디 국부 펀드를 받아서 운영하는 비전 펀드를 통해 위워크나 미국의 부동산 중개 플랫폼 컴퍼스 등 5개의 프롭테크 기업에 투자했다.

프롭테크의 성장은 미국 주택 시장의 활황 시기와도 겹친다. 부동산 시장 활황과 맞물려 건물을 빨리 지어야 하는 상황을 기회 삼아 성공한 건설 기술 기업들이 있는데, 이들은 건설 공정을 빠르게 하는 모듈러 기술로 소위 말해 대박을 쳤다. 콘테크 유니콘 스타트업 카테라나 프로코어Procore 등이 바로 그런 기업들이다.

반면 국내의 경우, 대형 부동산 업체들이 상대적으로 빠르게 치고 나갈 수 있는 미국이나 유럽 등지와는 달리 영세한 부동산 업체가 많고 산업 자체가 나이가 들어서 혁신에 둔감한 편이었다. 2008년 금융위기 이후 수많은 스타트업이 혁신을 꾀하는 동안, 프롭테크 기업이 나오지 못한 이유이기도 하다. 이밖에도 국내에서 프롭테크의 발전이 부진했던 데에는 여러 이유가 있다. 우선 2013년 이후에는 부동산 경기가 좋아 부동산·건설 업체가 IT 기술과 같은 혁신 없이도 분양이나 부동산 거래만으로 먹을거리가 충분했다. 또 투자에 관한 관심에 비해 일반인들의 부동산 산업에 대한 이해가 낮거나 정책의 입김이 강하다는 것도 이유가 될 수 있다. 부동산 산업 내 업권 간 겸업 금지, 정부 출자 벤처 펀드의 부동산 투자 제한 등도 제약 요소로 꼽을 수 있다. 창업 펀드에 출자하는 주요 투자자가 국민연금이나 군인공제회 같은 연기금이란 사실은 벤처 펀드의 상당수가 공적 영역의 영향을 받고 있다는 것을 방증한다. 크라우드 펀딩 또한 대출형만 부동산 산업에 허용돼 있고, 지분형의 경우는 공익적인 성격을 띠지 않으면 제한돼 부동산 산업에는 적용하기 어려웠다.

하지만 상황이 달라졌다. 경기 불황과 정부 규제 등으로 주택 시장이 얼어붙으면서 새로운 먹거리를 찾는 기업들의 눈길이 프롭테크로 쏠리고 있다. 그들 대부분은 부동산 경기 호황 시기에 수백억에서 수천억 원 대의 '실탄'을 챙긴 기업들이다. 그뿐만 아니라 부동산 임대업이 벤처투자 금지 업종에서 풀리며 프롭테크 기업들이 넘어야 할 장애물도 한결 낮아진 상태다.

2018년 10월에는 프롭테크 기업들의 모임인 한국프롭테크포럼도 발족했다. 26개 회원사로 출범한 한국프롭테크포럼은 2020년 11월을 기준으로 229개의 회원사가 가입해 있다. 부동산 기술 스타트업뿐만 아니라 현대산업개발, LG전자 같은 대기업, 우미건설, 한양건설, 피데스개발 등 중견 건설사 및 부동산 개발사, KB인베스트먼트, 하나자산신탁 등 기존 금융권 플레이어 및 이지스자산운용, 마스턴자산운용 등 부동산 자산운용사들도 회원이다. 2019년 말 과학기술정보통신부 산하 소프트웨어정책연구소가 파악한 국내 부동산 기술 스타트업은 30~40개 정도인데, 설립 이래 회원사가 200개로 늘어났다는 것은 주목할 만한 수치다.

그뿐만 아니라 국내 프롭테크 투자액 역시 1조 원을 넘어섰다. 한국프롭테크포럼에 따르면 2020년 10월 기준 국내 86개 프롭테크 스타트업에 대한 과거 5년간 누적 투자금액은 1조 3,997억 원이다. 가장 많은 투자금을 받은 기업은 숙박 플랫폼 야놀자와 부동산 정보 플랫폼 직방이었다. 두 기업의 투자금을 합하면 6,000억 원이 넘는데, 전체 프롭테크 투자금의 43%를 차지한다. 야놀자는 2019년 6월 싱가포르 투자청과 부킹홀딩스로부터 2,000억 원대 투자를 받으면서 기업 가치 1조 원 이상의 유니콘 스타트업 반열에 올랐고, 비슷한 시기 직방은 골드만삭스 컨소시엄에서 1,600억 원을 추가로 투자받으며 기업 가치 7,000억 원대 스타트업이 됐다. 특히 직방은 이 투자금으로 아파트 정보 플랫폼 호갱노노, 셰어 하우스 기업 우주 등을 인수하고, VR·AR 솔루션 회사 큐픽스와 빅데이터 부동산 기업 디스코, 인공지능 기반 소형 부동산 개발 플랫폼 스페이스워크 등에 투자하는 등 프롭테크 기반 부동산 종합 기업으로서 입지를 다져나가고 있다.

이뿐만 아니라 누적 투자금이 100억 원 이상인 프롭테크 스타트업은 24곳으로, 공유 사무실 기업 패스트파이브와 코하이브, 스파크플러스가 각각 790억 원, 499억 원, 425억 원 넘게 투자를 받았다. 공유 주방 스타트업 고스트키친도 113억 원 이상 투자를 받는 등 공유 부동산 기업들의 투자 규모가 상당했다. 사무실 중개 서비스를 운영하는 알스퀘어, 주차장 검색 서비스 파킹클라우드, 사물인터넷 기반 실내공기 측정 제품을 만드는 어웨어 등도 100억 원 이상 투자를 받았다.

프롭테크 기업 중에서도 분야별로 따져보면 부동산 시장 플랫폼 분야에 대한 투자가 48.5%로 가장 큰 비중을 차지했고, 공유 서비스(24.5%), 홈 데코 및 인테리어(4.8%), 사물인터넷·스마트 홈(1.9%)이 뒤를 이었다. 투자된 금액으로만 보면 아직까지 국내 프롭테크 시장은 부동산 중개와 정보 서비스, 공유 부동산, 인테리어 플랫폼 정도에 국한되어 있다. 하지만 빅데이터, 인공지능, 가상·증강 현실 등 기술과 결합하는 프롭테크 3.0 기업(디스코, 빅밸류, 큐픽스, 스페이스워크 등)들도 늘어나고 있으니 고무적인 상황이다.

국내 프롭테크 기업들의 성장세가 가파르지만 그렇다고 이들이 제대로 된 진용을 갖췄다고 보긴 어렵다. 직방과 다방을 제외하면 다른 기업들은 소수의 사용자층만을 갖고 있다. 대중적으로 알려진 기업이 많지 않고, 기업 가치 10억 달러 이상의 유니콘 기업도 배출되지 않았다. 부동산 산업의 문턱이 높다 보니 이에 대한 문제의식을 공유하는 창업가들도 다른 분야에 비해 많이 나오지 않았다. 하지만 지금처럼 시장과 투자되는 자금의 규모가 커지면 상황은 점차 달라질 것이다.

좋은 투자자와 액셀러레이터는 시장의 성장을 가속화한다. 최근 이지스자산운용은 국내 유명 스타트업 액셀러레이터인 퓨처플레

국내 프롭테크 기업들

이와 함께 이지스 테크업플러스IGIS TechUp+ 과정을 만들었다. 프롭테크 스타트업을 키우고 육성하기 위해서다. 미국과 영국의 프롭테크 스타트업들은 프롭테크 전문 액셀러레이터들의 도움을 받아 산업을 확장했다. 미국의 메타프롭 NYC는 2015년 설립 이후 4년간 59개의 프롭테크 기업에, 2014년 설립한 영국의 파이랩스는 44개의 프롭테크 기업에 투자했다. 국내에서도 호반건설이 설립한 플랜에이치벤처스와 직방의 투자사 브리즈인베스트먼트가 프롭테크 기업에만 전문적으로 투자하기 시작했다.

스타 기업을 배출하는 것도 프롭테크 산업의 도약을 기대하게끔 하는 이유다. 2019년 골드만삭스에서 대규모의 투자금을 유치한 직방은 기업 가치 1조 원 이상의 비상장 스타트업인 유니콘 대열 합류를 목전에 두고 있다. 중소기업벤처부에 따르면 국내 유니콘 스타트업은 2020년 10월 기준 13개다. 이커머스 분야에 4개 기업(쿠팡, 위메프, 무신사, 티몬), 핀테크 분야에 2개 기업(옐로모바일, 비바리퍼블리카), 뷰티 분야에 2개 기업(L&P 코스메틱, 지피클럽), 게임 분야에 1개 기업(크래프톤), 모빌리티 분야에 1개 기업(쏘카), 제약 분야에 1개 기업(에이프로젠), 여행 분야에 1개 기업(야놀자), 도·소매업 분야에 1개 기업(기업명 비공개) 등이다. 야놀자는 여행·숙박 중개 플랫폼이지만 자체적으로 부동산을 개발·운영하는 등 프롭테크 기업으로서의 면모를 보이고 있다. 직방은 기업 가치 7,000억 원가량으로 후속 진입을 노리고 있는 상태다.

정부도 2020년 4월, 프롭테크 육성방안을 마련하고자 작업에 착수했다. 국토부는 약 6개월 동안 프롭테크 육성방안을 마련한다는 목표를 세우고 미국과 일본 등 주요 국가가 프롭테크 산업을 지원하는 현황을 파악해 '한국형 제도'를 마련한다는 계획이다.

　프롭테크는 핀테크보다 5년 정도 뒤쳐져 있다는 이야기가 나오는데, 현장에서 피부로 느낀 바로는 2020년의 프롭테크가 2015년의 핀테크와 비슷한 듯하다(미국·영국 등 주요국은 2018년의 프롭테크와 2013년의 핀테크가 비슷한 수준이다). 2015년부터 국내에서도 토스, 뱅크샐러드 등 핀테크 기업이 나타나면서 정부는 IT·금융 융합 지원방안을 내놓고 전자금융 규제의 패러다임을 전환하고 핀테크 산업 성장을 지원하기 시작했는데, 2020년 발표된 정부의 산업육성방안(부동산서비스산업 진흥 기본계획)은 산업에 큰 전환 요소가 될 것으로 기대를 모으고 있다. 지금 프롭테크를 더 눈여겨봐야 하는 이유이기도 하다.

Section

2

부동산을
180도 바꿔놓은
프롭테크

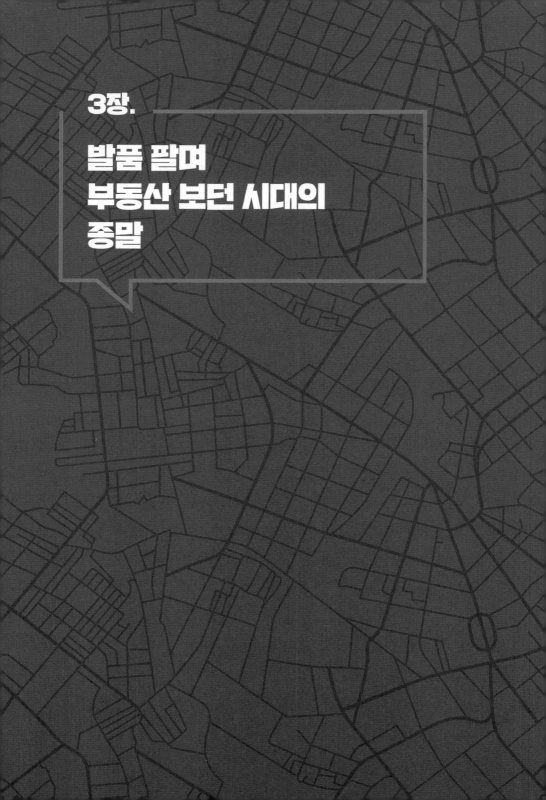

3장.

발품 팔며
부동산 보던 시대의
종말

집이나 사무실을 구해본 적이 있다면 알 것이다. 10여 년 전에도, 지금도 여전히 내 마음에 드는 매물을 구하려면 발품을 팔아야 한다는 것을 말이다. 부동산 중개인을 따라 이 동네 저 동네, 이 집 저 집 쫓아다니며 많이 보는 수밖에 달리 방법이 없다. 물론 그 부동산 중개인을 따라다니기까지도 귀찮은 일이 상당하다. 일단 부동산 중개사무소를 정해야 하는데, 무작정 아무 데나 들어갈 수 없으니 중개사무소도 한 곳이 아닌 여러 곳을 다녀봐야 한다. 또 중개인에게 원하는 조건을 똑 부러지게 말하며 조율하는 것도 여간 에너지가 필요한 일이 아니다. 거기다가 중개인이 내가 원하는 지역의 매물 정보를 빠삭하게 꿰고 있으니 설명을 듣는 사람으로서는 그들의 말을 믿을 수밖에 없다.

하지만 최근, 분위기가 달라졌다. 요즘 사람들은 무턱대고 부동산 중개업소부터 찾아가지 않는다. 일단 휴대전화로 네이버 부동산은 물론, 직방, 다방, 한방, 호갱노노나 디스코 등 시세부터 인근 주거 환경까지 다양한 정보를 제공하는 부동산 매물 정보 애플리케이션부터 찾아본다. 이 서비스들을 이용하면 발품을 팔기 전에 내가 구하려는 부동산이 가지고 있는 예산 범위 안에 들어오는지, 원하는 지역에 조건 맞는 매물이 있는지, 부동산의 유형은 물론, 매매인

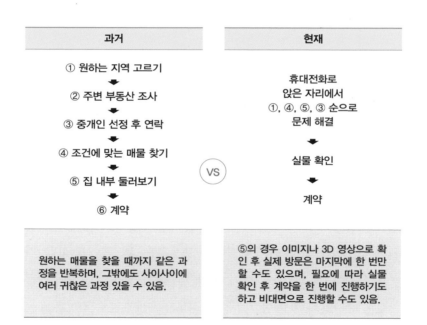

과거보다 간편해진 집 구하기 과정

지 전·월세인지, 평수나 연식, 주변 환경까지 웬만한 부동산 중개소 뺨치는 정보를 얻을 수 있기 때문이다. 그뿐만이 아니다. 직접 매물을 보러 가지 않아도 집이 어떻게 생겼는지 사진은 물론, 3차원 영상으로 미리 둘러볼 수 있다. 쉽게 말해 중개인이 더는 고객을 '물'로 볼 수 없게 됐고, 고객은 힘들게 부동산 중개인이며 매물을 찾아 돌아다녀야 할 수고와 발품을 덜게 됐다.

지금이야 부동산 정보를 알려주는 모바일 서비스를 너도나도 쓰고 있지만, 한때는 부동산 중개업자들이 프롭테크 기업에 반발하거나 항의하는 일이 비일비재했다. 토지거래 정보 플랫폼인 밸류맵을 운영하는 김범진 대표는 "처음 밸류맵을 선보였을 때만 해도 부동산 중개업자들이 거래 정보를 내려달라고 항의했다."라고 말했다. 실거래가는 국토교통부가 법적으로 공개하는 공공데이터지만 이 사실을 모르고 오는 고객들을 상대하는 부동산 중개업자들에게는 실거래가를 알고 있다는 사실 자체가 고객과 가격을 흥정하는 데 중요한 정보였기 때문이다. 하지만 시간이 흐르면서 오히려 중개인들이 프롭테크 서비스의 편리성을 깨닫고 서비스를 이용하는 주 고객층으로 발돋움하고 있다. 가령 호갱노노는 각종 아파트 정보를 한눈에 볼 수 있다고 입소문이 나면서 중개사들도 애용하게 됐고, 밸류맵이나 비슷한 서비스인 디스코 역시 토지는 물론 주택, 상가, 공장 등 다양한 부동산 거래 내역과 시세 정보 등을 지도에 보기 쉽게 표기하면서 오히려 부동산 중개인들의 인기를 얻고 있다.

부동산의 '부'자도 모르던 초년 부동산 기자 시절, 나 역시 이 서비스들의 덕을 보기도 했다. 이 서비스들이 여러 동네를 돌아다니면서 부동산 업자들과 쉽게 대화할 수 있도록 도와준 '무기'였기 때문이다. 중개업자들과 고객들에게 모두 편리하니 앞으로 매물 정보 서비스는 우리 생활에 깊숙이 들어오지 않을까 싶다. 카카오 택시처럼 어느 순간 사용하지 않으면 오히려 더 불편할 정도로 말이다.

부동산, 손품 팔아 간단하게 찾기

부동산 시장을 살펴보면 아직도 원하는 물건이 나올 때까지 돌아다니고 참고 기다리는 것이 일종의 '미덕'으로 여겨지는 경우가 많다. 집 크기가 어떻고 가격은 얼마인지, 방과 화장실은 몇 개이고, 창문은 어디 달려 있는지 등 기본적인 정보를 파악하는 데도 스무고개 하듯 물어보고 시간을 들여야 하는 경우도 허다하다.

아무리 부동산이 인기더라도 이런 방식을 고수하는 업자라면 결국 고객을 잃을 수밖에 없다. 초고속 인터넷이 당연한 모바일 시대 사용자들은 조금만 서비스가 늦어져도 불편함을 느끼기 때문이다. 지금의 소비자들은 '버퍼링 없는' 서비스를 원한다. 그래서 등장한 것이 바로 온디맨드On-Demand 서비스이다. 이는 고객의 요구가 있을 때 언제 어디서나 고객 중심으로 고객의 니즈를 해결해주는 서비스를 말한다.

재화와 서비스가 있는 곳으로 고객이 직접 찾아가는 것이 기존의 방식이었다면, 이제 고객이 원하는 곳에 상품을 대령하는 방식으로 바뀌었다. 고객들은 온디맨드 서비스를 통해 언제 어디서나 스마트폰으로 원하는 상품을 주문하고, 원하는 방식으로 서비스를 즉각 제공받을 수 있게 됐다.

부동산 시장에 뛰어든 프롭테크 기업들은 기존의 부동산 서비스를 바로 이 온디맨드 서비스로 전환하고 있다. 물론 큰돈이 들어가고 과정이 복잡한 부동산 시장의 특성상 변하기까지는 시간이 걸릴 것이다. 그러나 가격이나 면적, 필수 정보와 시세, 수익률 등에 관한 정보는 이미 한눈에 스마트폰으로 확인할 수 있도록 변했고, 또 부동산의 다른 영역들도 변화의 파도에 올라타고 있다.

가령 공공데이터와 민간 데이터들을 한데 모은 다음 사용자 편의에 맞춰 필터링해 한눈에 보여주는 서비스들이 눈에 띈다. 이런 기술과 서비스들은 아파트나 원·투룸, 오피스텔, 상업용 빌딩, 토지 등 다양한 부동산 유형에 적용되고 있을 뿐만 아니라 몇 번만 클릭하면 원하는 조건의 매물을 찾을 수 있도록 점점 간편한 형태로 바뀌고 있다. 특히 사소한 불편 사항도 줄이고자 이 화면, 저 화면 옮겨 다니지 않아도 한 화면에서 원하는 정보를 전부 확인할 수 있게 점점 더 보기 좋은 형태로 발전하고 있다. 사용자들이 편하다고 느낄 만한 경험이나 인터페이스는 이제 필수다.

보기가 편하니 접근성이 좋아지고, 더 많은 사람이 부동산 정보에 접근하게 되자 사람들이 보기 어려워하는 시세나 수익률 같은 데이터까지 더 알아보기 쉽게 시각화되는 추세다. 데이터를 여러 차례 가공해야 하는 면적당 가격이나 감정가격, 예상 수익률 등의 데이터는 빅데이터와 인공지능 기술을 이용해 미리 계산해놓는 서비스도 생겼다.

이렇듯 사용자가 가만히 앉아 클릭 몇 번으로 필요한 정보를 한눈에 확인하게 되면서 발품을 팔 필요가 없어졌는데, 이는 사실 부동산 시장에서 어마어마한 장점이다. 부동산 산업은 말했듯이 기본적으로 품이 많이 드는데, 이 품만 줄여줘도 고객 편의성이 크게 개선되기 때문이다. 가령 프롭테크 기업들이 제공하는 서비스를 보면 가격, 면적 등 기본적인 정보뿐만 아니라 사진이나 동영상, 3차원 평면도 등 멀티미디어 자료까지도 가공해 이용자에게 전달한다. 덕분에 사용자는 알아보고자 하는 지역이나 집에 직접 가보지 않아도 대략적인 그림을 그릴 수 있고, 발품을 덜 팔고도 선택지를 좁히는 데 도움이 된다. 프롭테크 부동산 정보 플랫폼 역시 소비자들의 가려운 곳을 속 시원하게 긁어준 덕에 사업을 키울 수 있게 된 셈이다.

스마트폰 안으로 들어간 부동산 매물

사람들이 부동산을 찾을 때 가장 먼저 또는 많이 찾는 사이트는 네이버 부동산이다. 하지만 요즘 시장의 추세는 부동산 유형별로 특화된 플랫폼을 이용하는 것이다. 아파트와 원·투룸 등 다세대·다가구 주택, 빌딩, 상가 임대를 찾을 때 유용한 플랫폼이 각각 다르다. 따라서 여러 플랫폼을 비교해보고 함께 쓰는 것이 부동산을 찾는 데 유리하다.

네이버 포털 사이트를 등에 업은 네이버 부동산은 부동산 정보 사이트 중 접속자가 가장 많다. 그렇다 보니 전반적으로 매물 수도 압도적으로 많다. 부동산114나 리얼티뱅크, 한경부동산, 매경부동산 등 CPContent Provider사의 매물들이 종합적으로 올라와 매물 자체가 많을 수밖에 없다. 네이버는 부동산 유형을 아파트·오피스텔, 빌라·주택, 원룸·투룸, 상가·업무·공장·토지 등 크게 4가지로 분류해 보여주며,[5] 아파트·오피스텔의 경우 아파트와 아파트 분양권, 재건축, 오피스텔, 오피스텔 분양권, 재개발 물건 등으로 분류해서 보여준다. 빌라·주택의 경우, 빌라·연립, 단독·다가구, 전원주택, 상가주택, 한옥으로 나뉜다. 원룸·투룸은 원룸과 투룸으로, 상가·업무·공장·토지는 상가와 사무실, 공장·창고, 지식산업센터, 건물, 토지 등 6가지로 나누어 보여준다. 그야말로 모든 부동산 유형을 망라하는 셈이다. 매물뿐만 아니라 분양 일정이나 경매 물건도 이곳

---

[5] 웹 페이지 기준이며, 모바일에서는 아파트, 오피스텔, 빌라 등 개별 매물 유형 19가지를 따로 필터링해서 검색할 수 있다.

에서 확인할 수 있다.

하지만 말했듯이 요즘은 부동산 유형별로 플랫폼이 특화되어 있고 플랫폼별로 전문적이고 세분화된 정보를 더 친절하고 자세하게 제공해 큰 인기를 얻고 있다. 최근 부동산 플랫폼 경쟁이 점점 뜨거워지면서 네이버 부동산도 좀 더 많은 데이터를 보여주기 위해 노력하고 있다. 2020년 5월 네이버 부동산은 '부동산 개발계획 서비스'를 오픈했는데, 새로운 역이 들어서거나 새로 조성되는 택지지구를 알려준다. 그러나 네이버 부동산이 제공하는 정보는 가격대와 면적, 거래 방식 등 최소한으로 필터링된 정보라 구체적이지 않은 편이다. 가령 재건축 아파트 물건을 보려고 하면 네이버 부동산에서는 재건축 단계를 한눈에 보기가 어렵다. 단지별로 눌러봐야 재건축 사업의 진행 상황이 어느 정도인지 확인할 수 있다.

부동산공인중개사협회에서 만든 한방이나 부동산114에서 만든 방콜 등도 있는데, 단독주택이나 토지, 한옥, 상가 매매, 공장 및 창고 등은 경쟁 플랫폼이 약하기에 지금까지는 네이버 부동산이 가장 강력한 검색엔진이다. 네이버는 2020년에 애플리케이션 개편을 통해 검색 필터를 상당히 세분화하는 작업을 완료했다. 기존 거래 유형, 매물 유형, 매매가, 면적, 방 개수, 욕실 개수, 준공 연도뿐만 아니라 집의 방향과 CCTV 등 보안·내부시설 구비 여부, 오피스텔·원룸·고시원에 한해 에어컨, 냉장고, 세탁기, 옷장 등 옵션 여부와 남녀 구분 여부 등까지 필터링 항목을 세분화했다.

원룸이나 투룸, 오피스텔의 경우 네이버 부동산보다는 직방이나 다방이 좀 더 특화되어 있다. 직방과 다방은 원·투룸에 특화해 사업을 키우다 보니, 검색이나 필터링 기능에 있어 네이버 부동산보다 구체적이다. 특히 다방은 반려동물이나 단기임대, 풀옵션, 엘리베이터, 전세자금대출 여부 등 1인 가구의 니즈를 필터링 항목에 담아냈다. 물론 서로에게 없는 매물들이 다른 플랫폼에 있을 수 있고, 지역별로도 플랫폼마다 다를 수 있어 사용할 때는 여러 플랫폼을 확인해보는 것이 가장 좋다. 간혹 플랫폼에 허위 매물도 올라오기 때문에 여러 플랫폼을 확인하는 작업은 꼭 필요하다. 2020년 8월 21일부터 네이버, 직방, 다방 등 인터넷상에 허위 매물을 올리는 경우 500만 원 이하의 과태료를 무는 개정 '공인중개사법'이 시행되면서 앞으로 허위 매물은 좀 더 줄어들 것으로 보인다.

아파트의 경우 네이버 부동산과 호갱노노를 같이 보는 편이 좋다. 실제 사용해본 결과 아파트 시세나 각종 입지, 주변 시설 정보는 호갱노노를 통해 먼저 확인하고, 네이버 부동산으로 매물 정보를 확인하는 방식을 추천한다. 원·투룸 및 오피스텔은 네이버 부동산과 직방, 다방이 검색 기능이 비슷하지만, 서로 다른 매물이 올라올 수 있어 여러 개를 같이 비교해보는 것이 좋다.

사람들이 가장 많이 찾는 아파트는 여러 플랫폼의 각축전이 벌어지고 있다. 네이버 부동산의 독주 체제였으나, 직방과 다방이 2017년부터 본격적으로 아파트 매물 광고 시장에 뛰어들면서 아파트 검색에서도 UI User Interface·UX User Experience 경쟁이 일어나고 있다. 하지만 이들 중에서도 특히 눈에 띄는 건 호갱노노다. 호갱노노는 매물 정보를 직접 올리기보다는 인근 부동산을 소개하는 방식인데, 이용할 때는 사이트에서 아파트 정보를 확인하고, 다른 플랫폼에 올라온 매물을 확인하거나 소개된 부동산에 직접 연락을 취해보는 게 좋다. 다만 2020년 7월 기준, 매도 희망자가 자신의 매물을 호갱노노 사용자와 주변 부동산에 알릴 수 있는 '우리집 내놓기'라는 서비스를 새로 내놓았다. 이는 호갱노노도 부동산 매물 정보 시장에 뛰어들려는 신호탄으로 해석할 수도 있다. 이밖에도 갭투자를 위한 신축 빌라 매매 매물만 전문적으로 보여주는 '오투오빌'이나 건축가가 지은 집의 매물만 중개하는 '홈쑈핑', 셰어 하우스만 찾을 수 있는 '컴앤스테이', '셰어킴' 같은 특화 서비스도 속속 나오고 있다.

이 수많은 특화 서비스 중 우리가 가장 많이 사용할 법한 몇 가지를 골라 좀 더 상세히 설명할 테니, 필요한 정보만 쏙쏙 골라 필요할 때 유용하게 쓰길 바란다.

아파트는 '호갱노노'

대한민국 사람들에게 가장 인기 있는 부동산이 무엇일까. 단연코 '아파트'일 것이다. 신축 전·월세와 매매는 물론이고 분양이나 경매까지, 실거주지로서든 투자 종목으로서든 아파트는 언제나 사람들에게 뜨거운 감자다. 아파트 매물을 보는 사람 중 소위 '부동산 좀 안다' 하는 사람들 사이에서도 핫한 모바일 애플리케이션이 있다. 바로 앞서 짧게 소개한 '호갱노노'다.

보통 잘 속거나 만만한 사람을 보고 우리는 '호구'라고 부른다. 비슷한 맥락에서 이용하기 좋은 호구 고객을 우리는 '호갱'이라고 얕잡아 부른다. 호갱노노는 말 그대로 '더는 호갱이 되지 말자'는 의미다. 아주 직관적인 이름이다. 어떻게 보면 좀 가벼워 보일 수도 있지만, 이 서비스가 추구하는 방향성이나 제공하는 정보들을 결코 만만하게 볼 것이 아니다.

네이버, 다음, 카카오 출신의 엘리트 개발자들이 뭉쳐 만든 이 서비스는 단순히 아파트 가격이나 면적 등 기본적인 매물 정보만 제공하지 않는다. 정말 아파트를 구하는 소비자가 궁금해하는 거의 모든 것을 이 애플리케이션 하나에 다 담았다고 해도 과언이 아니다.

웹 페이지와 모바일에서 둘 다 사용할 수 있는데, 웹 페이지에서 사용할 경우 포털 사이트에서 검색창에 호갱노노를 치고 해당 사이트에 들어가면 첫 화면에 지도와 검색창이 뜬다. 그 검색창에 원하는 아파트, 지역 또는 학교명을 검색하면 된다. 자동완성 기능이 있어 아파트나 지역 이름이 약간 헷갈려도 원하는 검색 결과를 얻을 수 있다. 그리고 검색창 바로 아래에는 현재 실시간 인기 아파트 순위와 지금 관심 있게 보고 있는 사람의 수가 나온다. 이 순위를 참고하면 어떤 지역, 어느 아파트에 사람들의 이목이 얼마만큼 쏠렸는지 확인할 수 있다. 사람들의 관심사야 주로 분양 예정 아파트에 몰릴 수밖에 없을 텐데 이 인기 순위 중에서도 입주한 아파트만 따로 볼 수 있게 검색 필터 기능을 세분화해놓은 것도 눈에 띈다.

이 밖에도 하나하나 뜯어보면 호갱노노 서비스는 장점이 많다. 앞서 말했지만 그중 필터 기능이 세분화되어 있다는 것이 가장 주목할 부분인데 약간 '오버'하는 것 같지만, 아파트를 알아볼 때 고려해야 하는 요소가 거의 다 나와 있다고 해도 과언이 아니다. 보통 아파트를 고를 때 일단 지도를 펴놓고 단지를 확인하는 게 먼저 아닌가. 하지만 이 서비스를 이용하면 필터를 통해 지도에 나오는 단지들을 선별해서 볼 수 있다. 매매·전세 여부, 평형, 가격, 세대수, 입주년차, 용적률, 건폐율, 전세가율, 갭 가격, 임대사업률, 월세 수익률, 주차 공간, 현관(계단식) 및 난방(지역난방) 여부 등도 필터링해서 원하는 조건의 단지만 지도에 나타나게 할 수도 있다. 모바일 화면 구성도 크게 다르지 않다. 첫 화면에 지도, 가장 상단에 실시간 인기 아파트 순위가 보이며 그 옆에 돋보기 버튼을 누르면 마찬가지로 원하는 지역이나 아파트를 검색할 수 있다. 검색창 하단에 아래 화살표 버튼을 누르면 필터링할 수 있는 각종 탭이 나오는데 사용법은 웹 페이지와 같다. 화면 구성에는 차이가 있겠지만 쓸 수 있는 기능은 같은 셈이다.

좀 더 이해를 돕기 위해 예를 하나 들어보겠다. 서울시 관악구 2호선 낙성대역과 2·4호선 사당역 인근, 매매가 7억 5,000만 원 이

하의 100가구 이상, 30평대 아파트 매매 물건을 찾는다고 하자. 이렇게 원하는 항목을 설정하고 필터링을 하면 남현동한일유앤아이, 낙성대현대, 동아타운, 사당삼익그린뷰, 진흥아리엘, 르메이에르 정도가 지도에 뜨는 것을 볼 수 있다(2021년 1월 12일 기준). 다시 이 가운데 그나마 최근 지은 아파트를 찾고 싶어 입주년차 필터를 조정하니 입주 17년 차인 남현동한일유앤아이가 가장 연식이 '젊은' 아파트임을 확인할 수 있었다. 만약 1차 검색 결과에서 나중에 재건축할 목적으로 용적률이 낮은 아파트를 찾고 싶다면 용적률 필터 항목을 추가하면 되고, 빽빽한 아파트가 싫다면 건폐율 필터 항목을 추가해 건폐율이 낮은 아파트를 필터링하면 된다. 이런 방식으

호갱노노 웹 페이지에서 검색한 낙성대역과 사당역 인근 아파트 매물

로 수많은 아파트 중에 사용자가 원하는 조건의 아파트를 쉽게 찾을 수 있다는 게 이 서비스의 가장 큰 장점이다.

세대수와 준공 연월, 용적률 및 건폐율뿐만 아니라 이 서비스를 이용하면 시세도 쉽게 확인할 수 있다. 평형별로 시세가 어떤지, 시세 추이는 어떻게 변화하는지, 최근 거래된 실거래가는 어땠는지, 몇 명이 이 단지를 관심 있게 보고 있는지 등을 알려준다. 평당 가격을 계산해서 다른 단지나 지역 내 다른 아파트의 평균 가격과 비교해서 보여주고, 온라인 매물 중 가장 싼 것과 비싼 것을 알려주기도 한다.

개인적으로 소비자로서 사용했을 때 편리했던 기능은 부동산을 거래할 때 드는 세금과 중개보수를 한 화면에서 보여주는 것과 실거래가나 매물가, 단지 정보가 새로 올라오면 안내받겠다는 알림을 해놓으면 휴대전화로 그때마다 알아서 알려주는 기능이었다. 가지고 있는 자본금을 입력하면 아파트 시세에 맞춰 대출액과 월 납입금이 얼마나 되는지 알려주는 대출계산기도 매우 편리하고 유용한 기능이다. 이뿐만 아니라 주변의 학교, 어린이집도 확인할 수 있고, 가까운 편의시설이 몇 분 거리에 있는지도 알 수 있다. 학교의 경우 단지에서 그 학교로 진학하는 비중이 얼마나 되는지, 진학 순위는 몇 위인지도 알려준다. 어린이집이나 유치원은 단지에서의 거리와 월 교육비까지 알려줄 정도로 세세하다. '살아본 이야기'라고 해서 단지별 게시판 정보들도 쏠쏠한 것이 많다.

이렇게 보면 호갱노노 홍보하는 것 아니냐는 핀잔을 들을 수도 있지만, 서비스를 이용해본 고객으로서 정말 편리했기 때문에 이 책을 보는 분들에게 꼭 추천하고 싶었다. 이 서비스 덕분에 나는 생전 한 번도 가보지 못한 지역이나 아파트에 대한 정보를 얻는 데 큰 도움을 받았기 때문이다.

만약 호갱노노 같은 서비스를 이용하지 않고 해당 조건의 아파트를 구해야 한다면 어떨까. 일단 아파트 매물을 알아볼 때 가격은 국토교통부 실거래가 사이트에 들어가서 확인해야 한다. 거시적인 시세는 한국감정원이나 네이버 부동산이나 다음 부동산, KB국민은행 리브온 사이트를 이용해 따로 확인할 수 있다. 그다음에는 네이버나 카카오 지도를 켜서 주변 교통과 편의시설을 확인한다. 추가로 해당 지역 아파트 거래량이나 인구 변화 등 필요한 정보를 엑셀 파일로 다운로드받은 다음, 직접 원하는 조건에 맞게 필터링을 해야 한다. 아무리 발품 대신 손품을 판다지만 최소 4단계 과정을 거치는 것은 물론, 필요한 정보를 얻기 위해 이 사이트, 저 사이트를 뒤져야 한다. 이마저도 발품을 파는 일만큼이나 번잡한 일이다.

하지만 우리는 이 모든 자료를 한군데에 모아놓은 호갱노노를 이용함으로써 이런 불편한 과정을 생략할 수 있게 됐다. 또 지도에 새로 최고가를 경신한 신고가 단지를 보여주거나 지역별로 실거래가 가격 변동, 인구 변동, 아파트 공급량 변화, 전년 대비 아파트 거래량 변동, 외지인 비율 등 지역 데이터를 함께 볼 수 있게 해줘서 앞

(1) 국토교통부 실거래가 확인하기

(2) 지도로 단지 정보 확인하기

(4) (1)부터 (3)까지의
정보를 모아 필터링하기

(3) 지도로 주변 교통 정보 확인하기

애플리케이션 없이 매물을 알아볼 때 거쳐야 하는 과정

으로 지역의 부동산 가치 변동에 미치는 요소들을 좀 더 간편하게
볼 수 있다. 지형 데이터를 이용해 아파트 단지의 경사도를 표시하
는 것도 가끔 '등산해야 하는 단지' 등을 거를 때 필요한 좋은 기능
이라고 생각했는데, 학원가 정보나 특정 지역까지의 출근 시간, 앞
으로 들어서기로 계획된 철도·도로나 인프라 사업 등 사용자들이
확인할 수 있는 다양한 정보가 계속해서 추가되고 있어 서비스의
가치가 더 올라갈 것으로 보인다.

토지, 단독주택, 공장은 '디스코'와 '밸류맵'

최근 부동산 업계에서는 토지나 단독주택, 상업용 건물, 공장 등을 찾을 때 '디스코'와 '밸류맵'을 쓰는 것이 유행이다. 두 서비스 모두 부동산 공공데이터를 바탕으로 실거래가 정보를 제공하는데, 토지 정보나 건물 정보, 인근 개발 뉴스, 업종 현황 등이 기본적으로 제공된다. 디스코가 매물 중개 광고를 먼저 시작했고 밸류맵도 뒤따라 같은 서비스를 시작해서 서로의 서비스를 많이 참고하는 듯하다.

우선 각 서비스의 메인 화면인 지도에서 원하는 지역을 검색하면 수많은 점(또는 말풍선)이 눈에 보인다. 이 점들이 부동산 거래 정보인데, 토지부터 단독·다가구, 빌딩, 공장, 상가·사무실, 아파트 등 모든 유형의 부동산 거래 정보가 지도에 빼곡하게 나타난다.

말풍선을 누르면 거래된 부동산의 정보가 나오는데, 실거래가와 공시지가, 면적, 지목, 용도지역, 이용 상황, 소유 구분, 소유권 변동 일자, 지형 높이, 지형 형상, 국토계획 등 등기부등본과 토지이용계획에 나오는 내용을 함께 볼 수 있다. 만약 건물이 있으면 건축물대장 정보도 함께 나온다. 지상 또는 지하 몇 층인지, 어떤 용도로 쓰이는지, 외벽과 지붕은 어떤 재료로 되어 있는지, 대지면적과 건축면적, 연면적은 어떻게 되는지, 높이는 어떤지, 언제 지어졌는지 등도 알 수 있다. 건물이나 땅을 사서 투자하거나 개발하려는 사람들에게 필요한 기본 정보는 대부분 나와 있다고 보면 된다. 굳이 필요한 문서를 떼기 위해 이곳저곳 방문할 필요가 없는 것이다.

아파트나 다세대 등 구분소유 주택이 아닌 경우, 부동산이 비싼지 싼지, 가격은 얼마를 불러야 적당한지, 전문가가 아니라면 알기가 쉽지 않다. 원하는 물건과 비슷한 물건의 최근 거래 가격이 얼마인지 찾는 게 쉽지 않기 때문이다. 보통 부동산 가격은 땅값과 건물값, 그 건물에 속한 기타 부속물 가격으로 결정된다. 땅값은 땅의 용도와 입지, 용적률 및 건폐율, 도로 인접성 등으로 결정되는데, 다른 조건이 같다면 대부분 최근 거래된 주변의 땅값을 참고하는 경우가 많다. 건물은 층수나 내·외장재, 구조 및 평면, 연식 등을 고려해 가격이 결정된다. 기타 부속물은 특별한 경우에만 가산된다. 주로 이러한 요소들은 일반적으로 부동산 거래 전 감정평가사가 현장을 찾아가 감정한 다음, 감정가를 결정한다.

장단점을 꼽자면 걸어 다니면서 한눈에 빠르게 보기에는 디스코가 더 잘되어 있다. 가령 디스코는 부동산 유형별로 색깔 구분을 잘해뒀는데, 상업용 건물은 파란색, 토지는 녹색, 상가 사무실은 보라색, 공장은 갈색, 단독주택은 노란색 같은 식이다. 그리고 메인 화면인 지도에는 대표적인 매물만 전시돼 가시성이 좋다. 지도에서 바로 해당 매물의 가격 정보를 확인할 수 있어 보기 편하다는 평이 많으며, 실거래가 통계가 작성되기 시작한 2006년부터 시간에 따른 가격 추이도 확인할 수 있다. 최근에는 등기부등본 열람 서비스도 시작해 열람 비용 없이 등본을 확인하고 부동산 주인이 누군지 법률관계 등을 확인할 수 있다는 점도 장점이다.

디스코 메인 화면

밸류맵은 경매로 나온 부동산을 찾을 때 유용하다. 메인 화면 검색창에 경매 탭이 따로 있는데, 클릭해서 보면 지도에 경매로 나온 물건을 확인할 수 있다. 또 해당 건물을 자세히 보면 상단에 대출 정보 탭이 별도로 마련되어 있어 물건과 관련해 어느 정도까지 대출을 받을 수 있는지 시뮬레이션해볼 수 있다. 실거래가를 시간 추이에 따라 알려주기보다는 인근에 있는 비슷한 유형의 매매 사례를 비교해서 보여준다. 아파트의 경우 동 단위로 이야기와 리뷰가 있어 어떤 동네인지, 최근 무슨 일이 일어나고 있는지 알기도 편하다.

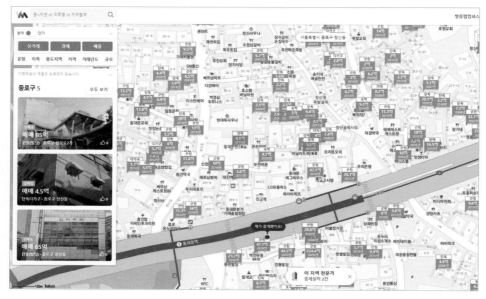

밸류맵 메인 화면

검색의 경우도 대지, 전, 답, 과수원, 목장 등 28개 지목과 1~3종 일반주거지역, 준주거지역, 상업지역 등 27개 용도지역 등을 따로 구별해두고 있어 좀 더 세세하게 나눠 검색해볼 수 있다.

두 서비스는 아파트나 원·투룸이 아닌 토지나 단독주택, 빌딩 등 비교할 물건을 찾기 어려운 부동산 유형을 찾는 데 특히 유용하다. 아파트나 원·투룸은 같은 위치에 비슷한 면적, 비슷한 시세가 형성된 물건들이 많아 상대적으로 가격을 비교하기가 쉽다. 가격 정보가 많고, 평면 등도 표준화돼 있다. 하지만 토지의 경우 같은 지역에 있어도 길 하나 차이로 가격이 달라지는 경우가 부지기수다. 건물은 얼마나 오래됐는지, 규제 사항은 어떻게 되는지 등은 문서를 직접 떼봐야 안다. 이 서비스들은 앞서 언급한 정보들을 한 화면에서 확인할 수 있다.

최근에 개인적으로 단독주택을 알아봐달라는 친구의 부탁이 있어 두 플랫폼을 이용한 적이 있었다. 두 서비스 모두 평당 또는 1제곱미터당 가격을 알려주어서 서로 다른 면적의 땅이라도 쉽게 가격을 비교할 수 있다는 점 또한 좋았다.

상가나 사무실은 '네모'

상가나 사무실은 '네모'가 약진하고 있다. '네모'는 다방 공동창업자가 창업한 슈가힐이 만든 서비스로, "사무실·상가 구할 때 네모라구요!"라는 광고 문구가 어디서나 눈에 띌 정도로 한창 마케팅을 벌였다. 그 결과 2019년 누적 매물 건수가 약 40만 건을 돌파해 상가·사무실 부문 국내 최대 부동산 플랫폼으로 자리 잡았다. 이 플랫폼에는 상가 전문 공인중개법인 6,700여 개가 등록돼 있다(2020년 5월 기준). 같은 해 부동산 애플리케이션 1위 업체인 직방이 인수했는데, 그래서인지 직방이나 직방이 인수한 호갱노노와 비슷한 유저 인터페이스로 구동된다. 부동산 매물 외에도 사업이나 장사에 도움이 될 만한 사업자 수, 총매출, 건당 결제, 요일 매출, 시간 매출, 연령 매출, 주거인구, 가구 수 등의 데이터를 지도에 표시해 입지 선정에 도움을 준다. 일반 상가나 사무실뿐 아니라 토즈, 위워크, 패스트파이브 등 공유 사무실도 함께 볼 수 있다.

💬 사람보다 빠른 건축가·감정평가사의 등장

부동산 유형별 거래 가격뿐만 아니라 부동산의 수익률도 좀 더 쉽게 알 수는 없을까? 어떤 토지에 어떤 건물을 올렸을 때 수익률이 높아지는지 알 수 있다면 토지를 가진 사람이나 땅에 투자하려는 사람들도 훨씬 효과적인 투자를 할 수 있을 테니 말이다.

이럴 때는 현업 건축가들이 만든 '랜드북' 플랫폼을 참고하면 좋다. 이 플랫폼은 인공지능과 빅데이터를 활용해 어떻게 토지 개발을 하면 좋을지 알려준다. 서울대 건축학과 출신의 건축가 조성현 대표가 '스페이스워크'라는 이름으로 2016년에 창업했으며, 이 플랫폼은 조 대표가 대학원에서 연구하던 인공지능을 이용한 소형 필지 수익률 분석 모델을 고도화하고 개발하는 데에서 출발했다.

만일 개인이 특정 토지를 개발하려면 어떤 정보들을 알고 있어야 할까. 우선 인근 땅값이 얼마인지, 법규에 따라서 해당 토지에 어떤 건물을 몇 층까지 올릴 수 있는지, 주변 월세는 얼마나 나오는지를 일일이 알아보러 다녀야 한다. 그렇기 때문에 이런 일은 보통 부동산 컨설팅 업체가 대리 진행한다. 하지만 랜드북을 이용하면 이런 업체에 맡기지 않고도 본인이 직접 손쉽게 특정 필지를 개발할 때 예상 비용과 수익이 얼마인지 확인할 수 있다. 회사가 자체 개발한 인공지능인 '엘비스Lbis'는 해당 필지와 유사한 10개의 필지를 찾은 다음, 필지의 높이 제한, 용적률, 건폐율, 해당 법규 등을 검토해 3차원 모델링을 제작한다.

랜드북 플랫폼에서는 건물 개발에 필요한 토지 매입비와 건축비를 산정할 수 있고, 개발 후 원하는 목표 수익금을 입력하면 총 수익금도 확인할 수 있다. 클릭 몇 번만 하면 자동으로 수익률을 시뮬레이션해주기 때문이다. 그뿐만이 아니다. 인근에 있는 거래 사례를 자동으로 분석해 토지의 대략적인 가치도 매겨서 알려준다. 주변 거래 사례들의 공시지가 평균 배율을 적용하는 방식이다. 서울 소형 필지의 단독주택이나 상가의 토지 가격을 부를 때 참고할 수 있다.

예를 들어 서울 서초구 신논현역 인근의 필지를 임의로 찍어서 알아본다고 하자. 해당 필지의 토지면적과 지목, 용도지역부터 시작해 연면적, 주요 용도, 규모, 노후 정도, 층별 현황 등을 한눈에 확인할 수 있다. 하지만 랜드북의 진면목을 볼 수 있는 지점은 바로 '도면'이다. 인공지능이 필지의 규제·제약 사항을 파악해 자동으로 건물 도면을 그리고, 그에 맞는 예상 수익률까지 계산해준다. 토지 매입비나 건축비 등을 개별적으로 조정해 시뮬레이션할 수도 있다.

최근에는 인근 건물과 필지를 합쳐 재건축하는 '합지형 재건축' 시나리오 서비스도 함께 제공하고 있는데, 쉽게 말해 이 서비스를

서울 서초구 신논현역을 검색한 랜드북 화면

이용하면 어떤 필지와 합쳐야 수익률이 극대화되는지 쉽게 파악할 수 있다. 이외에도 해당 필지 주변 거래 사례들을 뽑아 추정 가격도 알려준다.

랜드북 플랫폼은 땅의 면적이 70~600㎡(21~181평) 사이인 소형 필지를 대상으로만 서비스를 제공한다. 이 평수의 필지만 수익 분석이 가능한 이유는 땅의 크기에 따라 지을 수 있는 주택 종류가 달라지면서 적용받는 법규가 달라지기 때문이다. 주택 한 동의 바닥

면적이 합계 660㎡(200평)을 초과하면 다세대주택이 아니라 연립주택으로 분류되는데, 2020년 7월 기준으로 랜드북은 다세대주택의 수익률 분석만 할 수 있다. 다만, 스페이스워크는 '미니 재건축'이라 불리는 가로주택정비사업(1만㎡ 미만의 가로구역에서 실시하는 블록형 정비사업)의 수익률 분석 서비스도 출시한다. 또, 이렇게 수집한 데이터를 기반으로 토지거래 플랫폼을 만들어 토지 '즉시구매 iBuying' 사업도 진행할 계획이다.

조 대표가 소형 필지를 선택한 이유는 무엇일까. 대지면적이 크지 않은 소형 필지의 경우, 원래 있던 건축물을 다시 지어도 면적이 넓은 땅에 비해 수익률이 크지 않아 컨설팅 업체들이 수익성을 분석하기 난해할 때가 많았다. 하지만 2018년 말 이후, 건설 경기가 한풀 꺾이고, 정부에서 대형 개발보다는 소형 재건축이나 도시재생 사업을 장려하면서 기존 개발 업체들이 돈이 되는 소형 개발 물건들을 찾기 시작했다. 조성현 대표는 바로 여기에 기회가 있다고 본 것이다. "사업을 시작할 2016년 무렵, 부동산 시장에서 대형 개발 사업은 5% 정도 줄어들고, 재건축 및 소규모 개발사업 시장이 2배 이상 커지고 있는 것을 발견했어요. 대형 개발사업은 전문가가 사업성을 평가하지만, 소형 개발사업은 개인 건물주들이 일일이 평가하기 때문에 최적의 그림을 그리기가 쉽지 않다는 생각이 들었죠." 조 대표의 예상은 적중했고, 스페이스워크의 랜드북을 이용하면 소형 사업장의 사업성 분석 보고서를 순식간에 작성할 수 있다는 입소문이 나면서 기업 고객들의 반응을 얻었다.

그렇다면 랜드북은 어떤 시스템으로 토지의 사업성을 분석하는 걸까. 우선 주변 거래 사례를 모아 부동산 입지의 가치를 분석하고 땅 자체가 지닌 용적률, 건폐율과 규제 사항을 기반으로 설계했을 때 수익률을 극대화할 수 있는 평면을 인공지능 솔루션이 찾아준다. 쉽게 말해 주변 시세를 고려해 임대료를 받는다고 할 때, 어떻게 설계해서 지어야 최대 수익을 얻을 수 있는지 알려주는 것이다. 가령 용적률을 최대 250%까지 지을 수 있는 2종 주거지역의 땅이 있는데, 원래 지어진 건물이 그 용적률보다 한참 낮게 지어졌다면 이것을 다시 개발해서 수익이 더 날 수 있게 알려주는 것이다.

이 서비스는 땅의 개발 규제 사항을 확인해 사업성을 분석해야 하는 모델이어서 규제의 변화에 민감해야 한다. 그래서 법제처 홈페이지나 각 지방자치단체 등 규제 관련 사이트들을 주기적으로 모니터해야 하는데, 랜드북은 웹 크롤링Crawling[6] 기술을 이용해 문자 데이터를 추출, 모델에 반영하는 기술도 가지고 있다.

이 회사가 사업 모델처럼 인공지능 기술을 이용하려면 그 특성상 인공지능이 학습할 방대한 데이터가 필요하다. 그러다 보니 데이터가 많아 학습을 많이 할 수 있는 지역에서는 예측한 결과가 오차범

---

[6] 웹상에서 데이터를 자동으로 수집하는 행위.

위에서 크게 벗어나지 않는다. 조 대표는 "거래 사례가 많고 데이터 학습을 반복적으로 진행한 서울 강남권에서는 거의 오차 없는 수익 분석이 가능하다."라고 말했다. 반면 데이터가 부족한 지역을 대상으로 할 때는 그만큼 오차가 발생한다. 아직 완벽하진 않지만, 이는 데이터가 쌓이면 충분히 보완 가능한 부분이다. 기술의 큰 잠재력과 상품화 진행 속도 덕에 이미 이 회사는 KB인베스트먼트, 스톤브릿지벤처스, 우미건설, 직방 등으로부터 100억 원이 넘는 투자를 받았다. 이런 사업으로서의 가능성을 봤을 때 랜드북은 단순히 토지 관련 부동산 데이터만 전달해주는 서비스가 아니다. 인공지능과 머신러닝, 빅데이터 기술을 도입해 사업 모델을 구상해냈다는 것 자체가 우리에게 새로운 인사이트를 제공하는 셈이다.

랜드북 외에도 빅밸류는 자체 개발한 빅데이터·인공지능 기술로 국내 최초의 빌라 시세 조회 플랫폼 '로빅'을 상용화했다. 그간 국내에서 100세대 미만의 아파트와 빌라 시세 정보는 수집되거나 제공되지 않았다. 이 때문에 은행에서 담보 평가를 하려면 과정이 아주 복잡했다. 짧으면 3시간, 길게는 3일까지 걸릴 정도였다. 이에 100세대 미만 소형 단지는 시세를 정확히 알지 못하는 상태에서 거래가 이뤄지고, 담보대출도 받기가 쉽지 않았다.[7] 하지만 로

---

[7] 로빅 출시 후 은행권 시세 정보가 50세대 이상 아파트까지 확대됐다. 이에 빅밸류는 50세대 미만 아파트에 대해 금융위원회 특례 인가를 받고 사업을 진행하고 있다.

빅이 이 과정을 훨씬 수월하게 만들어주었다. 주택담보대출을 받을 때 담보의 가격과 임대차 현황, 권리관계 분석 등을 종합해 가치를 평가하는데, 가격 정보가 미리 갖춰져 있으니 그 과정이 빨라진 셈이다.

빅밸류는 빅데이터 기술을 이용해 2018년 1월 서울과 경기, 인천, 부산에 있는 빌라 등 도시형 주택 248만 가구에 대한 부동산 정보·시세 판매 서비스를 상용화했다. 2020년부터는 서울과 경기 지역에 있는 나홀로 아파트 56만 가구와 단독주택 377만 가구, 27만 개 공장과 122만 개 집합상가 등을 대상으로 서비스를 확대해나가고 있다.

아직 사업 초기 단계지만 시장 진입 1년 만에 금융권과 부동산 업계의 큰 관심을 받았다. 신한은행, 하나은행, 부산은행 등 시중은행과 어니스트펀드, 뱅크샐러드 등 핀테크 기업에 부동산 빅데이터 서비스를 제공하고 있으며, 상용화 1년 만인 2018년에는 누적 30억 원의 투자금을 유치, 2019년 6월에는 금융위원회가 혁신금융서비스로 지정하기도 했다. '빌라시세닷컴'으로 이름을 바꾼 로빅 서비스는 2020년 7월부터 법인을 대상으로만 서비스를 운영하고 있다. 비슷한 맥락에서 자이랜드XAI Land가 AI를 이용한 부동산 가치 평가 서비스로 금융위 혁신금융서비스로 지정되기도 했다.

💬 내 집 안에 앉아 편하게 부동산 투어를?

　지금의 부동산 플랫폼들이 빅데이터를 이용해 다양한 매물 정보를 취합, 재가공하여 소비자 맞춤형으로 제공함으로써 고객은 발품을 팔지 않고도 부동산 매물 정보를 손쉽게 얻을 수 있게 됐다. 하지만 사용자가 발품 팔지 않게 도와주는 기술은 비단 빅데이터 기술뿐만이 아니다. VR과 AR 기술도 소비자의 발품을 아껴주는 서비스를 개발하는 데 한몫하고 있다.

　'큐픽스'와 '어반베이스'는 VR과 AR 기술을 이용해 부동산의 내부 공간을 시각화해서 보여주는 서비스를 제공한다. 이 두 회사가 만들어내는 시각 자료 덕분에 사용자는 직접 부동산을 방문하지 않아도 집 안 곳곳을 둘러볼 수 있다.

부동산 3D 가상 투어 서비스 '큐픽스'

　먼저 3D 가상현실 솔루션 기술을 보유한 큐픽스는 3D 디지털 트윈 기술을 활용해 부동산 가상 투어 서비스, 건설 현장 관리 서비스 등을 제공한다.

　디지털 트윈 기술은 실제 존재하는 건물이나 설비, 현장을 디지털상에 그대로 복사하는 기술이다. 이 기술을 이용하면 실제 현장에서 발생할 수 있는 문제를 시뮬레이션해보거나 공사가 설계대로 진행되고 있는지 확인할 수 있다. 세계적인 컨설팅 기업 맥킨지는 디지털 트윈을 건설 산업의 4가지 주요 트렌드 중 하나로 꼽기도 했다. 큐픽스는 이 기술을 온라인 부동산 매물 중개 사이트에는 물론, 건축 현장 시공 과정 3D 문서화, 대규모 건축물 시설 관리 등에 쓸 수 있을 것으로 분석하고 있다.

큐픽스가 제공하는 3D 가상 투어 시각 자료는 건물 안을 360도 카메라로 찍거나 일반 DSLR 카메라에 파노라마 전용 삼각대를 설치해 이동하면서 촬영한 여러 장의 실내 사진을 합성해서 만들어진다. 사진들을 큐픽스가 운영하는 클라우드 서버에 올리면 자체 개발한 사진측량 기술 Photogrammetry과 3D 영상처리 기술 등을 활용해 실제 촬영한 공간과 거의 똑같은 가상공간이 만들어진다. 사용자는 이렇게 만들어진 가상공간을 둘러보며 실제 공간의 구석구석을 확인할 수 있는 것이다. 네이버 지도의 거리뷰를 떠올리면 쉽게 이해가 될 것이다. 이 방식으로 구현된 공간 내부를 둘러본다고 생각하면 된다.

큐픽스는 미국 실리콘밸리의 매터포트 Matterport와 경쟁하고 있는데, 품질 대비 빠르고 가격이 저렴하다는 장점이 있다. 매터포트의 서비스는 최소 4,500달러에 달하는 고가의 전용 3D 스캐너를 구매해야 하고, 사진 1장을 촬영하는 데 걸리는 시간이 일반 360도 카메라나 DSLR 카메라를 쓸 때보다 오래 걸린다. 하지만 큐픽스는 40~50만 원대 일반 360도 카메라를 이용해 누구나 촬영할 수 있다. 큐픽스가 자체 개발한 사진측량 기술 덕분에 화면의 품질 또한 높다.

가상공간에 미리 인테리어 해보는 '어반베이스'

어반베이스는 2D 평면 도면을 단 몇 초 만에 3D 입체 시각물로 만드는 기술을 가진 회사다. 전국에 있는 아파트의 70%에 해당하는 3D 부동산 데이터를 축적하고 있고, 가상이나 실제 공간에 배치할 수 있는 6,000여 개의 3D 제품 데이터도 가지고 있다. 여기서 말하는 제품 데이터란 가구나 전자제품, 인테리어 소품을 말한다.

이 회사의 주요 서비스는 크게 어반베이스, 어반베이스 AR 2가지다. 3D 부동산 데이터를 바탕으로 아파트 내부의 평면 도면을 입체 도면으로 바꾸어 보여주는 서비스가 어반베이스이며, 3D 제품 데이터를 이용해 가상공간에 실제 오프라인에서 판매하고 있는 가구를 미리 배치해볼 수 있게 해주는 서비스가 어반베이스 AR 서비스다. 3D 제품 데이터에는 가구의 실제 사이즈가 명시되어 있어, 본인이 원하는 다른 브랜드의 제품 사이즈와 비교해볼 수 있고, 해당 공간에 그 제품을 넣을 수 있는지 없는지 미리 점검해볼 수 있다는 것도 장점이다.

그뿐만 아니라 이 회사는 LG전자, 일룸과 같은 다양한 회사들과 기술 제휴를 맺고 공간 컨설팅 서비스도 제공하고 있다. 서비스를 이용하면 직접 방을 둘러보지 않아도 가상현실을 통해 방 구조를 확인하거나 해당 기업의 제품을 방에 미리 배치해볼 수 있다.

만일 이 과정을 가상공간에서 시뮬레이션해보지 않고 직접 해야 한다면 어떨까. 한 신혼부부가 전셋집에 가전과 가구를 들여놓아야 하는 상황이라고 해보자. 보통은 가전이나 가구를 미리 보더라도 집에 가서 정확히 실측을 한 다음, 방 사이즈에 맞게 가구나 가전제품을 다시 보고 주문한다. 실측하려는 집이 신축이거나 세입자가 없다면 그나마 다행이지만, 만일 세입자가 살고 있는 상황이라면 제대로 실측하는 것조차 어렵다. 또 이런 경우 자세하고 꼼꼼하게 하지 못하고 어림잡아 하는 경우가 많아 실제 운송 기사들이 와서 넣을 때 높이가 안 맞거나 너비가 안 맞는 상황이 생길 수 있다. 아주 곤욕스러운 상황이다. 이런 상황에 놓인 고객이 어반베이스 AR 서비스를 이용할 수 있다면 실측하는 번거로움은 물론 가구나 가전제품의 사이즈를 잘못 재서 교환하거나 취소해야 하는 낭패를 막을 수 있다. 이 서비스는 전 세계적인 가구 기업 이케아도 제공하고 있

미리 가구를 배치해볼 수 있는 어반베이스 AR

는데, 어반베이스의 기술력은 이케아의 AR 서비스에 뒤처지지 않는다는 평가를 받고 있다.

단순 매물 광고나 중개 서비스에서 시작한 국내 부동산 정보 서비스들은 인공지능, 가상·증강 현실, 빅데이터와 같은 기술들과 결합해 점점 더 진화해나가고 있다. 디스코나 밸류맵, 빅밸류, 큐픽스, 어반베이스뿐만 아니라, 더 많은 기업이 심도 있는 기술들을 가지고 더 세부적인 분야에서 부동산 시장의 정보 비대칭성을 해소하고 있다.

프롭테크 선두 주자 질로우의 성공 비결

질로우는 미국 최대의 부동산 업체이자, 가장 많은 매물 정보를 가지고 있는 웹사이트다. 마이크로소프트와 익스피디아 출신의 리치 바튼과 로이드 프링크가 2004년 설립해 서비스를 시작했으며, 월평균 사용자는 1억 5,700만 명 정도이다. 2011년 8월, 나스닥에 상장됐으며, 2017년 기준 매출액이 10억 8,000만 달러였다.

사실 질로우가 처음부터 이렇게 거대한 기업이 된 것은 아니다. 질로우가 생겨난 시기에 구글의 검색어 빈도수Google Trend, 특정 기간 검색 빈도가 가장 높은 수치를 100으로 놓고 상대적인 값을 비교를 살펴보면 검색어 중 '부동산real estate'이 67~98인 반면, 질로우는 0이었다. 전 세계 금융위기가 촉발한 2008년 말과 비교해도 '부동산'이 50이라면, '질로우'는 4~5 수준이었다. 그러나 질로우의 검색량은 지속적으로 증가해 2013년 7월에는 20을, 2년 후에는 30을 기록했다. 그리고 전 세계적으로 부동산이 호황이었던 2016년 7월, 드디어 '질로우'의 검색량이 '부동산'의 검색량을 뛰어넘었다. 그리고 지금까지도 질로우의 검색량이 부동산의 검색량을 웃돌고 있다.

이게 과연 무엇을 의미할까. 쉽게 말해 미국 사람들이 이제 구글에서 부동산에 관해 뭔가를 검색할 때, 부동산이라는 단어보다 질로우라는 단어를 먼저 검색한다는 뜻이다. 부동산은 질로우에서 알아보거나 검색한다는 이미지를 선점한 셈이다. 질로우는 2020년 1월 기준, 월 순방문자 3,600만 명이 찾는 서비스가 됐고, 미국에서 "질로우zillow하다."라는 말은 뭔가를 검색한다는 의미의 "구글링googling."처럼 집을 찾아본다는 의미를 뜻하게 됐다.

질로우의 등장으로 미국 부동산 시장에도 변화가 일었는데, 그 일례로 미국에서 주택 매물을 알아볼 때 인터넷을 이용하는 사람들의 비중이 크게 늘었다. 2001년에 8%에 그쳤다면, 2016년에는 51%로 무려 43%나 증가했다. 반면 같은 기간 오프라인에서 부동산 중개인을 통해 매물 정보를 알아본 사람들의 비중은 48%에서 34%로 14%나 감소했다. 질로우가 부동산 정보를 알아보는 방식을 바꾸었다고 해도 과언이 아니다.

등장 당시 관심을 전혀 받지 못했던 질로우가 이렇게 폭풍 성장할 수 있었던 까닭은 무엇이었을까. 미국 언론은 그 비결 중 하나로 인공지능 기반의 '가격 측정 시스템'을 꼽는다. 질로우는 2006년부터 꾸준히 투자해 '제스티메이트Zestimate'라는 부동산 감정 모델을 자체적으로 개발했다. 쉽게 말해 자신들이 보유한 데이터와 공공데이터를 결합해서 주택의 적정가격을 산출하는 것이다. 제스티메이트는 미국 3,000여 개 도시, 1억 1,000만여 가구의 빅데이터를 기초로, 인근 주택의 거래 내역과 시세 정보, 주택 면적 등에 해당하는 물리적 특성과 재산세 납부 내역, 인근 범죄율, 학군 정보 등 공공데이터까지 포함해 주택의 가격을 추정한다. 13년간 이 가격 모델을 발전시키면서 오차율은 2% 이내로 줄였다.

이 가격 모델은 주택의 입지뿐만 아니라 고객이 올린 매물 사진도 주택 가격을 평가하는 기초 자료로 사용한다. 가령 부엌에 화강암 바닥이 깔려 있다면 제스티메이트는 이 바닥재가 비싼 것임을 알고 가격을 더 높게 쳐준다. 가격을 정확히 또는 높게 받으려면 매물 관련 사진을 많이 올리는 것이 유리하다는 것도 이 때문이다. 매물로 나와 있던 기간도 가격 결정 요인 중 하나다. 예를 들면 너무 오랫동안 팔리지 않는 집은 나름대로 이유가 있는데, 따져보니 가격을 터무니없이 높게 정한 것이다. 제스티메이트는 이런 요인들도 파악해서 가격을 측정할 때 자동으로 반영한다.

그런데 이 가격 모델이 왜 소비자의 마음을 사로잡았던 것일까? 부동산의 가격을 정확히 측정하는 것은 국내외를 할 것 없이 중요하겠지만, 이것이 미국 소비자들에게 더 효과적이었던 이유가 있다. 이는 미국 주택 시장의 특성을 알면 좀 더 이해하기가 수월한데, 아파트 매물이 주를 이루는 한국과는 달리 미국은 매물마다 종류나 그 크기가 다 다르다. 또 개·증축도 잦아 같은 건물에 있는 방이더라도 내부 구조가 다른 경우가 많다. 그래서 부동산의 형태에 따라 가격을 매기는 것이 한국보다 더 어렵다. 질로우는 이 가격 측정 모델을 통해 미국 소비자들의 가려운 곳을 정확히 짚어 긁어주었고, 그래서 성공할 수 있었다.

집값이 제멋대로인 것은 한국의 사정도 다르지 않다. 한국은 집값이 대략 1,000만 원 단위로 움직이는데, 그 기준이 딱히 명확하지가 않다. 가령 2,500만 원을 들여 집 내부를 수리하고 리모델링을 했다고 하자. 리모델링을 하지 않은 집보다야 비싼 것이 당연하겠지만 공사 비용을 포함한 적정 수준에서 가격이 오르는 게 아니다. "리모델링 했으니 대충 5,000만 원 정도 더 부르면 된다." "도배랑 장판 새로 했으니까 1,000만 원 정도만 높게 부르시죠."라는 식이다. 도배나 장판에 인건비만 포함한 가격이 1,000만 원을 웃도는 것일까? 소비자는 아직도 집값이 왜 그렇게 설정된 것인지 정확한 까닭을 알지 못한다.

감정평가사들이 귀에 걸면 귀걸이, 코에 걸면 코걸이 식의 감정평가를 할 때도 있다. 부동산에서 대출을 더 받기 위해 감정평가사에게 잘 보여 평가 금액을 올려달라고 한다든지, 세금을 덜 내기 위해 오히려 감정평가 가격을 낮춰달라고 할 때도 있다. 삼성에버랜드가 감정가 의혹을 받았던 사건[8]이나 한남더힐에서 감정평가 가격이 제멋대로 움직인 사례[9]는 이를 방증한다.

물론 그렇다고 질로우의 측정값이 100% 완벽한 것은 아니다. 2017년에 일어난 분쟁 사례를 살펴보면, 몇몇 집주인은 제스티메이트가 측정한 집값에 불만을 품고 질로우를 연방법원에 고소하기도 했고, 질로우의 CEO는 2016년 자신의 집을 제스티메이트 감정 가격보다 40% 낮은 가격에 팔아 논란이 일기도 했다.

이런 논란을 잠재우기 위해 질로우는 좀 더 정교한 가격 측정 모델을 만들고자 노력했고, 2016~2017년에는 AI와 데이터 과학자

---

[8] 2018년 10월, SBS는 삼성물산과 이건희 회장이 소유한 에버랜드 주변 경기도 용인 포곡읍 토지의 공시지가가 2014년까지 낮게 유지되다가 2015년 갑자기 오른 것을 보도했는데, 감정가가 낮게 유지된 '가격 누르기'의 경우 삼성이 세금을 덜 내기 위한 것이었고, 그러다가 제일모직과의 합병 과정에서 삼성물산의 가치를 올리기 위해 감정가를 갑자기 올린 것 아니냐는 의혹을 제기한 것이다. 삼성물산은 이에 대해 "공시지가는 국가기관이 전문적인 감정평가사를 고용해 결정하는 것으로 사실과 다르다."라고 해명했다.

[9] 서울 용산 한남동의 한남더힐이 한때 서울의 최고급 임대 아파트로 화제를 일으킨 적이 있었다. 2013년 분양 전환 당시 분양가를 산정하려고 감정평가를 진행했는데 당시 입주민 측과 시행사 측 감정평가 법인이 제시한 평가액에 큰 차이가 있어 논란이 됐다. 246m²(74평) 아파트를 기준으로 시행사 측 감정가가 42억 원이었는데, 입주민 측 감정가는 21억 원으로 2배나 차이가 난 것이다. 최대 평수인 332m²(100평)는 시행사가 79억 원, 세입자가 29억 원으로 2.7배 차이를 보였다. 결국, 국토부가 한국감정원에 타당성 조사를 의뢰했고, 감정원은 시행사 측의 감정가는 너무 높고, 입주민 측 감정가는 너무 낮아 둘 다 적정하지 않다고 발표했다.

투자에 박차를 가했다. 데이터 과학자는 사실 프로그래머나 다름없다. 프로그램 코딩도 해야 하고, 데이터를 가공해 인사이트를 뽑아내는 일도 해야 한다. 질로우는 2017년 91개국에서 3,800명의 데이터 과학자를 모아 질로우에 모인 데이터를 기반으로 경연을 열기도 했다. 경연에서 이긴 팀의 아이디어가 새로운 제스티메이트 모델에 포함되기도 했다. 화장실이 있는지 없는지, 출퇴근 시간은 얼마나 걸리는지, 공원이나 고속도로와의 거리는 얼마나 가깝거나 먼지에 따라 집값이 달라지도록 했다. 이렇게 집값 측정 모델이 정교해지다 보니 사람들은 제스티메이트가 매긴 집값에 때때로 불만이 생기더라도, 일단 집을 거래할 때 제스티메이트가 매긴 가격을 기준으로 하는 것이 자연스러워졌다(집의 여러 요소를 고려해 가격을 매기기보다 거시적인 시세와 호재 등에 의존해 가격을 결정하는 게 일반적인 우리나라에서는 이런 모델을 상상하기 어렵다). 그뿐만 아니라 제스티메이트는 아마존의 클라우드 플랫폼인 아마존 웹 서비스의 기계학습 기법을 사용해 방대한 정보 분석 시간까지 획기적으로 단축했다.

질로우는 추정방법과 계산식을 공개함으로써 산출 가격의 투명성과 정확성을 높이는 노력뿐만 아니라, 개발자 페이지에 자신들이 어떤 기술을 개발하고 있는지도 설명한다. 또 딥러닝이나 빅데이터 기술을 이용해 그들이 지닌 부동산 가격 측정 기술을 점차 고도화하고 있다. 소비자 관점에서 어떻게 하면 더 나은 서비스를 받을 수 있는지 기술적으로 접근하여 문제를 해결하려고 노력한다. 개인 맞춤형 추천 알고리즘이 한 예다. 질로우는 사용자가 처음 서비스에 접속하는 경우, 비슷한 부동산을 여럿 보여주기보다는 가격이나 면적이 서로 다른 매물들을 보여준다. 이 중에서 고객이 자신이 원하는 것과 비슷한 집을 고르면 그다음부터는 검색엔진이 사용자의 취향을 학습해 비슷한 물건을 추천한다. 가령 미국 시애틀 도심의 방 2개짜리 아파트를 40만 달러에 사려고 하는 사람이 사이트에 접속했다고 하자. 이 조건에 부합할 만한 물건을 클릭하다 보면, 그다음은 질로우가 알아서 이 사람이 구하려고 하는 집과 비슷한 종류, 면적, 가격대의 물건을 먼저 소개해준다.

질로우의 창업자이자, 2019년 최고경영자로 복귀한 리치 바튼은 같은 해 연례보고서에서 다음과 같이 말했다. "부동산에는 큰 변화의 흐름이 일고 있습니다. 모든 것이 '우버화'되고 소비자들은 원하는 때에 버튼 하나만 누르면 모든 것을 얻을 수 있다고 기대합니다. 모빌리티 영역뿐 아니라, 여행, 자동차 매매, 쇼핑, 비디오 스트리밍 등의 영역에서 이미 변화가 일어났습니다. 부동산 시장도 그때가 찾아왔고, 질로우 그룹은 그 흐름의 선두에 설 것입니다."

가격 측정 기술을 바탕으로 2018년 말 질로우는 급매로 나온 집을 즉시 구매하는 '질로우 오퍼Zillow Offers' 사업도 시작했다. 그뿐만 아니라 부동산 매물 정보를 제공하는 '질로우'와 '트룰리아', 뉴욕 지역에 특화된 매물 정보 서비스 '네이키드 아파트먼트Naked Apart-ments', '스트리트 이지Street Easy', 지도 데이터 기반 아파트 정보 플랫폼 '핫패드HotPads', 생애 최초 주택 구매자 대상 특화 서비스를 제공하는 '리얼에스테이트 닷컴realestate.com' 등의 사업도 함께 진행 중이다. 일반적인 주택 매물 정보에서 시작해 지역과 연령대에 맞는 맞춤형 주택 정보 특화 서비스로 확대하고, 주택 대출, 임대차 관리 등 주택 중개의 밸류체인에 있는 서비스 영역으로 사업을 점점 확장해나가며 변화하는 부동산 시장의 흐름을 누구보다 적극적으로 받아들이고 또 바꾸고 있다.

홈 루덴스족은 인테리어도 스마트폰으로 끝낸다

프롭테크 기업들이 매물 중개 서비스 분야에서도 활발하지만, 인테리어 분야에서도 강세다. 1인 가구가 늘어나고 해외여행이나 에어비앤비 등 새로운 공간에 대한 경험을 많이 하게 되면서 내가 생활하는 공간인 집을 예쁘게 꾸미려고 하는 사람들이 꾸준히 늘었다. 이런 수요에 맞춰 가벼운 소품부터 대형 가구들까지 다양하게 시장에 나오기 시작했고, 상대적으로 저렴한 가격에 내가 직접 가구를 조립하는 북유럽 가구 '이케아'가 인기를 끌면서 인테리어 시장이 급속도로 성장했다. 거기다가 코로나19 확산으로 자가격리와 재택근무가 늘면서 사람들이 집에 있는 시간이 길어지다 보니 인테리어 분야에 관한 사람들의 관심은 더 증가하는 추세다.

실제 국내 리모델링 시장 규모는 2010년 19조 원에서 2016년 28조 4,000억 원, 2020년 41조 5,000억 원(추정)으로 급격한 성장세를 이뤄왔으며, 2023년에는 약 49조 원까지 커진다는 전망이 나오고 있다. 국내 홈퍼니싱(가구, 조명, 인테리어 소품 등으로 집을 꾸미는 것) 시장 역시 2010년 8조 원에서 2016년 13조 1,000억 원까지 커졌다. 통계청에 따르면 2023년에는 18조 원까지 커질 것으로 보인다. 코로나로 인해 소비 상황이 좋지 않음에도 2020년 7월 기준 가구 판매액이 전년 동기 대비 30.3% 증가한 걸 보면, 당분간 증가세가 꾸준히 유지될 것 같다.

인테리어 분야에 뛰어든 프롭테크 기업들은 이런 흐름을 타고 시장 못지않게 성장하고 있다. 2014년 7월 인테리어 정보 서비스로 시작해 커머스 플랫폼으로 성장한 '오늘의집'은 2019년 말 기준 누적 거래액이 3,500억 원을 넘어섰고, 애플리케이션 다운로드는 2020년 4월, 1,000만 건을 돌파했다. 오늘의집을 이용하면 내가 꾸민 집이나 방, 가구를 사진으로 찍어서 애플리케이션에 올려 자랑하고, 다른 사람의 인테리어도 참고할 수 있다. 이러한 콘텐츠는 사람들을 계속 머물게 하는 오늘의집만의 큰 무기이기도 하다. 또 참고한 인테리어 소품마다 태그가 걸려 있는데, 그걸 누르면 해당 제품 페이지로 바로 넘어가 구매도 한 번에 할 수 있다. 이런 편의성 때문에 1인 가구, 신혼부부에게 큰 인기를 끌었으며, 고객층이 더 넓어지는 추세다.

인테리어 비교 견적 플랫폼인 '집닥'은 2015년 8월 서비스를 시작하고 5년차인 2020년에 월 누적 거래액 3,300억 원을 돌파했으며, 현재 기업 가치는 수천억 원대로 알려져 있다. 집닥이 이렇듯 짧은 시간 내에 크게 성장할 수 있었던 것은 서비스를 다방면으로 확장해나간 것이 한몫했다. 인테리어 비용과 시공에 대한 고객의 불만을 해소하기 위해 인테리어 시공 업체를 비교하는 서비스로 시작했던 집닥은 서비스 영역을 더욱 넓혔다. 무료로 집에 방문해 시공 견적을 뽑아주는 것은 물론, 소비자와 시공 업체를 연결해준 다음 공사가 시작되면 고객 대신 공사 현장을 모니터링 및 점검해주고, 에스크로(제3자의 가상계좌를 통해 결제하는 방식) 서비스를 이용해 업체에 공사대금을 지급해준다. 여기에 그치지 않고 인테리어 가맹점을 중심으로 B2B 영역까지 진출하고 있다. 공유 사무실, 공유 주방, 패스트푸드점, 독서실 사업자들과 업무 제휴를 맺고 사업자들의 인테리어를 담당할 채비도 마쳤다. 거기다가 건축 중개 플랫폼인 '집닥 건축'도 선보이고, P&G, 에스티로더 등 글로벌 기업이 쓰는 인공지능 기술 기업 애피어Appier의 마케팅 자동화 플랫폼 아이쿠아AIQUA를 도입해 고객 선호도와 관심사를 분석 및 큐레이션하도록 서비스를 고도화하고 있다.

이 밖에도 인테리어 중개 O2O 플랫폼 '인스테리어'나 주거 전문 인테리어·리모델링 브랜드 '아파트멘터리' 같은 프롭테크 기업도 양적지표나 투자액 등에서 꾸준한 성장을 이어나가고 있다.

프롭테크 기업들이 시장 흐름 덕에 성장한 것도 있지만, 반대로 시장이 질적으로 발전하는 데 이들이 한몫한 부분도 있다. 4~5년 전만 해도 집 주변에 있는 인테리어 업체가 시공하는 경우가 많다 보니 인테리어 시장은 업체들이 반독점하는 경우가 많았다. 그래서 시공 업체가 '부르는 게 값'이었고, 정가 개념이 없어 고객에게 추가금을 요구하거나 자재 바꿔치기, 부실시공, AS가 안 되는 일이 비일비재했다.

가격과 서비스도 문제였지만, 심미적으로도 소비자가 원하는 수준의 결과물을 내놓지 못했다. 또 고객이 잘하는 인테리어 업자를 찾는 일도 쉽지 않을뿐더러, 인테리어 소품이나 가구도 종류가 너무 많아 어떤 물건을 어디서 사야 하는지 정보를 얻기가 쉽지 않았다. 소비자들은 시공 업체의 갑질이나 폐쇄적인 정보 시스템 등에 불편함을 크게 느낄 수밖에 없었다.

그러나 인테리어 시장에 프롭테크 기업들이 진출하고, 이들이 개발한 애플리케이션이 이런 불편함을 대폭 줄여주면서 소비자의 만족도가 크게 올라갔다. 애플리케이션을 통해 소비자들은 예전보다 쉽고 편하게 시공 업체나 제품의 가격을 비교할 수 있게 됐고, 자신이 원하는 디자인이나 상품을 찾아 주문할 수 있게 됐기 때문이다. 덕분에 질적으로도 서비스가 좋아지고 이용자가 늘면서 시장도 커지게 된 셈이다.

대기업들도 이런 프롭테크 기업들을 눈여겨보면서 업무 제휴를 맺거나 새로운 서비스들을 선보이고 있다. 가구나 건자재, 인테리어 업체들이 O2O 플랫폼들과 손을 잡는 것은 아주 자연스러워졌다. 국내 가구 시장에서 1위를 달리는 한샘은 2019년 인스테리어를 인수하고 고객들을 대상으로 중개 및 매칭 서비스를 제공하기 시작했다. 다른 가구 업체인 현대리바트나 에넥스 등은 자사 가구들을 오늘의집이나 집닥 같은 커머스 플랫폼에서 팔 수 있게끔 제휴를 맺어 매출 신장을 꾀하고 있다. 3차원 도면에 가구를 배치해보게끔 서비스를 선보이는 어반베이스는 약 1,000만 가구의 내부 평면을 3D 데이터로 구축해놓은 것이 무기인데, LG하우시스나 일룸, 퍼시스, 데스커, 에이스침대와 같은 가구·인테리어 업체와 LG전자 등 가전 업체들의 상품들도 데이터베이스에 포함되어 있어 쉽게 이들을 배치해볼 수 있다. 이렇게 되면 프롭테크 기업만 성장하는 것이 아니라 타 분야의 업체들도 인테리어 시장에 뛰어드는 것이 쉬워져 시장은 더 커질 수밖에 없다.

인테리어와 가전제품 업체와의 만남은 주목할 만한데, 삼성전자는 한샘과 손을 잡고 홈 리모델링과 스마트 홈 시장을 공략할 계획을 내세웠다. 구체적인 내용을 보면 맞춤형 가구와 가전을 연계해 판매한다는 전략이다. 아예 신제품 개발 단계부터 공동으로 협의하거나 기존 제품 라인업을 보강해서 패키지 상품 등을 선보이는 방식이다. 새로 집을 매매하거나 리모델링을 할 때 가격과 공간 측면에서 제일 고민스러운 것이 가전과 가구일 텐데, 이것을 생각해둔 콘

셉트에 맞춰 통일성 있게 사서 넣으려면 여간 번거로운 일이 아니다. 하지만 가전과 가구가 아예 처음부터 패키지 형태로 나온다면 텔레비전과 냉장고, 의류 관리기나 에어컨, 식기 세척기 등을 가구와 같은 분위기로 맞출 수 있고, 따로 살 때보다 훨씬 품을 덜 들이고 결정할 수 있어 소비자의 만족도가 높아질 수밖에 없다.

LG전자도 가전과 가구를 결합한 신개념 융복합 가전제품인 '오브제Objet' 라인의 제품들을 새롭게 출시해서 냉장고나 세탁기 같은 제품이 가구와 어울리도록 하는 데 힘쓰고 있다. 그룹 계열사인 LG하우시스와 협력하고 있으며, 어반베이스나 증강현실 기반 홈퍼니싱 추천 배치 서비스인 미스터공간과 협업하거나 이들 업체에 계속해서 투자하고 있다.

한편, 미스터공간을 운영하는 이해라이프스타일은 '가구 구독'이라는 새로운 형태의 서비스를 시작했는데, 이 서비스가 앞으로 인테리어 시장을 뒤흔들 사업 중 하나로 떠오를 듯하다. 2020년 2월이 회사가 선보인 '미스터공간'은 소파와 침대, 식탁, 의자 등 주요 가구와 조명, 쿠션, 러그와 같은 소품까지 총 800여 종의 제품 중원하는 가구와 소품을 골라 월 단위로 정기 구독하는 서비스다. 예를 들어 국내에서 인기를 끈 정가 206만 원짜리 무니토의 에이블소파를 24개월 약정으로 월 8만 7,000원에 대여하는 것이다. 물론이 서비스를 두고 '이 돈이면 그냥 사는 게 낫지.'라고 생각하는 사람도 있을 것이다. 하지만 실제 서비스를 시작하고 3개월 동안 추이를 지켜본 결과, 단기로 거주하거나 이사가 잦은 젊은 층에게는 꽤 수요가 있었다. 그뿐만 아니라 가구를 자산으로 잡고 감가상각이 되는 것이 두려운 기업도 비용 처리를 위해 가구 구독 서비스를 이용한다고 한다.

사실 이런 가구 구독 서비스는 국내에서는 미공이 처음이지만, 해외에서는 어느 정도 자리를 잡은 비즈니스 모델이다. 미국 샌프란시스코의 스타트업 '카사원CASAONE'은 이 비즈니스 모델로 2019년 기준 전년 대비 매출이 7배 증가하며 1,600만 달러의 투자를 유치했다. 미국 LA에 있는 '퍼니시Fernish' 역시 코로나19가 한창 기승을 부릴 때 오히려 가구 주문이 300% 늘었다고 밝혔다. 그중에는 재택근무가 크게 한몫한 것으로 보이는데, 사람들이 집과 일하는 공간을 구분하고 싶은데, 사무실로 꾸미는 가구를 전부 사자니 부담이 되고 구독 서비스로 단기간 이용하는 것이 효율적이라 판단해 그런 듯하다. 이런 흐름을 읽고 이케아도 전 세계 30개국에서 책상과 침대, 소파를 대여해주는 프로그램을 실험하고 있다.

코로나19가 잠잠해질 때까지 당분간 인테리어 시장은 이러한 흐름 속에서 더 커질 것으로 전망된다. 집에 머무르는 시간이 늘수록 집을 꾸미고자 하는 욕구는 커질 것이고, 집 밖의 다양한 공간에서 이용하던 서비스를 집 안에서 누리고 싶어 할 것이기 때문이다. 가령 홈 오피스를 꾸민다거나, 홈 트레이닝을 할 수 있는 홈 짐home gym 같은 것들 말이다. 꼭 코로나19의 여파가 아니더라도 집에서

놀며 휴식을 취하려는 '홈 루덴스Home Ludens 족'[10]이 늘면서 이제 집은 단순히 머무는 휴식의 공간을 넘어 다양한 기능을 갖춘 공간으로 변모하고 있다. 홈 파티, 홈 카페, 홈 시네마, 홈 가드닝을 뛰어넘어 앞으로 더 많은 기능이 추가될 것으로 보인다.

시장조사 전문기업 엠브레인 트렌드모니터가 진행한 '2020 홈 루덴스족·홈 인테리어' 조사에 따르면 성인 65.3%가 스스로 홈 루덴스족이라고 생각했다. 거기에 코로나19까지 그야말로 자의 반 타의 반으로 집돌이, 집순이의 시대가 오면서 인테리어 시장은 더욱 커질 수밖에 없을 것으로 보인다. 어반베이스의 하진우 대표는 "다음 유니콘이 나온다면 인테리어 업체에서 나올 것."이라고까지 말했다.

---

[10] 홈 루덴스는 네덜란드 학자인 요한 하위징아(Johan Huizinga)가 명명한 '호모 루덴스(Homo Ludens, 유희하는 인간)'에서 파생된 말이다. 김난도 서울대 교수가 《2017 트렌드 코리아》에서 라이프스타일의 변화된 흐름에 관해 설명하면서 이 표현을 썼다.

부동산 유형별 매물 중개 플랫폼

플랫폼 종류	네이버 부동산	직방 다방	
특화 서비스	• 모든 부동산 매물을 망라함 • 주요 서비스는 아파트에 집중됨 • 아파트와 오피스텔의 경우 분양권 매물도 검색 가능	• 원·투룸, 오피스텔 등 1인 가구 특화 　아파트(직방·다방)나 상가(직방)도 검색은 가능	
장점	• 유형에 관계없이 매물이 가장 많음 • 다른 플랫폼이 다루지 못하는 토지나 단독주택, 재건축, 아파트·오피스텔 분양권 매물 검색 등에 유리, 심지어 한옥주택도 따로 볼 수 있음	• 직방: 빌라·투룸 한정으로 인근 거래 기록을 확인할 수 있음 • 다방: 1인 가구에게 필요한 필터링 항목 다양함(전세대출 가능 여부, 반려동물 거주 여부)	
단점	• 원·투룸 등 1인 가구를 위한 검색 필터링이 갖춰져 있지 않음 　(ex. 전세자금대출, 반려동물 등) 　최근 앱 개편을 통해 검색 필터 초세분화	• 원·투룸, 빌라, 오피스텔 외 검색에 약함	

* 플랫폼마다 특화된 장점이나 매물 종류가 달라 여러 플랫폼을 같이 쓰는 것이 더 좋은 결과를 얻을 수 있다.

호갱노노	디스코 밸류맵	피터팬의 좋은방 구하기
• 아파트	• 토지, 건물 검색은 네이버와 마찬가지로 부동산 종류별도 가능	• 원·투룸 임대, 1인 가구에 특화된 직거래 물건
• 아파트 단지 정보에 관한 필터링 항목 자세함(14가지 항목) • 가격 추이부터 신고가, 가격 변동, 인구, 공급, 경사, 출근, 거래량 등 각종 정보 확인 가능(13가지 데이터) • 단지별 게시판을 통해 거주민들의 이야기 게시판도 확인 가능 • 새로운 거래 발생 시 알림 기능	• 10가지 부동산에 대한 실거래 기록(평당가 포함) 확인 가능(상업용 건물, 토지, 숙박 시설, 공장·창고 포함) • 인근 실거래가 추이 시계열로 확인 가능 • 주변 유사 거래 기록, 토지 정보, 토지 이용계획, 공시지가, 건축물 대장 등 각종 정보 확인 가능 • 디스코의 경우 등기부등본도 확인 가능 • 최근 매물도 올라오기 시작함	• 부동산을 끼지 않고 개인끼리 거래하기 때문에 부동산 수수료를 내지 않고 방을 구할 수 있음
• 매물 중개를 직접 하지 않음	• 아직 매물 정보가 많지 않음 • 임대보다는 매매에 특화돼 있음	• 중개사를 끼지 않고 거래하다 보니 사기 당할 가능성이 있어, 부동산 거래 절차에 대한 숙지가 필요(최근 에스크로 서비스, 등기부등본 자동 분석 등을 통해 사고 방지 노력)

부동산 대표 플랫폼 비교(2020. 7월 기준)

4장.

목돈, 빌딩 없어도
건물주 되는 세상

부동산 하면 힘들여 발품을 팔아야 하는 번거로운 절차만큼이나 '비싸다'는 생각이 먼저 든다. 실제로 집을 사고 싶어도, 부동산 투자를 하고 싶어도 '억' 소리가 나 쉽지 않다. 최근 5~6년 동안 주택 가격이 급등했는데, 여러 이유가 있었겠지만, 주택 시장으로 자금이 몰린 것이 한몫했다. 1%대의 초저금리와 맞물려 시중에 풀린 유동자금이 1,100조 원에 다다랐는데, 이것이 고스란히 주택 시장으로 몰린 것이다. 이런 추세라면 앞으로도 부동산 가격은 더 오르고 부동산 투자는 그만큼 더 어려울 텐데, 종잣돈 부족한 일반인들이 좀 더 적은 돈으로 쉽게 투자할 수 있는 방법은 없는 걸까.

부동산 회사들은 상대적으로 가치가 높고 안정적인 임대차 구조를 지닌 부동산을 증권이나 주식 형태로 쪼개 더 많은 사람이 살 수 있게끔 하는 데 오랜 시간 공을 들여왔다. 그 결과가 바로 부동산 펀드나 리츠[11]와 같은 간접투자 상품이다.

물론 아직 부동산 펀드나 리츠 상품들의 수가 적고 저변이 얕다는 지적도 있다. 안정적인 수익을 내려면 일단 부동산 규모가 커야 하는데, 이런 대형 부동산의 수가 한정되어 있기 때문이다. 하지만 이 간접투자 상품들이 단독 건물주가 되지 못하는 사람들에게 새로운 부동산 투자 기회의 장을 열어준 것만은 분명하다. 이 새로운 비즈니스(부동산을 주식이나 증권으로 만들어 더 많은 사람이 저렴한 가격으로 부동산 투자를 할 수 있게 만든 것)를 창출한 프롭테크에 대해, 단돈 5,000원으로 부동산 투자를 하는 방법에 대해 지금부터 좀 더 자세히 살펴보자.

커피 한 잔, 단돈 5,000원으로 하는 부동산 투자

공모 리츠는 종잣돈이 부족한 사람들 사이에서 꾸준히 주목받아왔다. 2019년부터 주식 시장에 그야말로 '공모 리츠' 열풍이 불었는데,

---

[11] Real Estate Investment Trusts의 약자. 부동산 투자 회사가 소액 투자자들의 자금을 모아 부동산을 구매한 다음 그 부동산에서 발생하는 수익을 투자자들에게 다시 되돌려주는 것을 말한다. 부동산 지분을 여러 개로 쪼개어 일종의 주식처럼 판매하는 간접투자 상품이라고 생각하면 된다.

2019년 4분기에 상장한 롯데리츠와 NH프라임리츠의 청약 경쟁률이 각각 63.28대 1과 317.62대 1을 기록할 정도였다. 0%대 초저금리와 경기둔화 우려로 부동산·인프라·배당주의 인기가 높아지면서 갈 곳 없는 시중 여유자금이 이 시장에 몰린 탓도 있지만, 정부가 주택 시장 안정화를 목적으로 주택 시장 규제를 강화하고 리츠 시장에 법인세 감면, 상장 심사 완화 등의 혜택을 부여한 것도 한몫했다.

부동산을 주식처럼 만들어 증권거래소에서 사고팔 수 있게 한 리츠는 보통 사모형으로 기관 투자자들에게만 기회가 열렸다. 그러나 공모 리츠의 경우 일반 투자자들을 공개 모집하기 때문에 누구나 살수 있다. 공모 리츠의 청약 역시 일반 주식과 마찬가지로 증권사 계좌를 만들고, 청약 기간 내에 청약증거금을 걸면, 청약 경쟁률에 따라 배분을 받을 수 있다. 가령 A주식의 청약 경쟁률이 10대 1인 경우, 청약증거금을 1억 원 넣으면 배정받는 주식은 10분의 1인 1,000만원 어치다(2020년 주식 시장을 강타했던 SK바이오팜이나 카카오게임즈 같은 경우 수백 대 1의 경쟁률을 기록했는데, 1억 원을 증거금으로 넣었을 때 받는 주식은 '단돈' 수십만 원어치에 불과했다). 단독 건물주가 되는 것은 아니지만 이렇게 여럿이서 돈을 모아 리츠에 투자하면 많은 사람이 그 건물의 간접 소유자로서 임대수익을 배당받을 수 있다. 만약 향후 매입가보다 비싼 값에 건물을 되팔면 시세 차익도 받을 수 있다. 리츠 주식의 가격이 올라도 마찬가지다(다만 공모 리츠의 경우 주식 시장에 상장되는 만큼 부동산 시장보다는 변동성이 커 이 점은 주의해야 한다).

리츠의 가장 큰 장점은 앞서 말한 것처럼 누구나 적은 돈으로 부동산 투자를 할 수 있다는 것이다. 보통 리츠의 공모가는 최소 5,000원으로 '커피 한 잔' 마실 돈만 있으면 충분하다. 수익률도 나쁘지 않아서 재테크를 하기에도 용이하다. 부동산 투자 회사법에 따르면 일반적인 리츠는 배당 가능 이익의 90% 이상을 의무적으로 주주들에게 배당해야 해서 배당수익률이 높다. 금융감독원 공시시스템에 따르면 2020년 상반기 국내 주식 시장에 상장된 리츠 7개 (이리츠코크렙, 신한알파리츠, NH프라임리츠, 롯데리츠, 모두투어리츠, 케이탑리츠, 에이리츠)의 연 환산 배당률은 3~10%대였다. 0%대 초저금리 시대, 1%대 예금이자, 2~3%대 적금이자를 감안하면 같은 기간 투자했을 때 수익률이 더 높은 셈이다. 꾸준한 배당수익 덕분에 주가가 방어되고, 부동산 가격이 상승해 나중에 편입된 부동산을

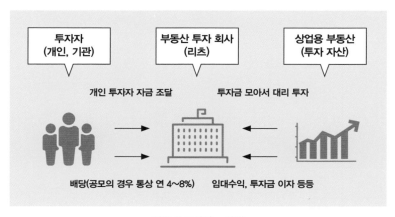

리츠에 투자하는 방식

시세 차익을 남기고 팔면 그 차익도 배당에 포함된다.

이러한 기세를 타고 2020년에는 2001년 리츠가 도입된 이래 20년 만에 가장 많은 리츠가 상장했다. 총 6개의 공모 리츠가 입성했는데, 이는 전체 상장 리츠 13개의 절반 수준이다. 편입 자산의 포트폴리오도 다양해졌다. 우량한 국내 상업용 부동산이나 호텔에만 투자했던 기존 리츠와는 달리, 2020년 공모에 성공한 리츠들은 해외 부동산(JR글로벌리츠)이나 국내 주유소(코람코에너지플러스리츠), 국내 임대주택(이지스레지던스리츠), 물류센터(ESR켄달스퀘어리츠) 등을 기초 자산으로 편입해 운용하기도 한다(코로나19 대유행으로 실물 경제가 위태해지면서 실물 자산에 근거한 수익을 내는 리츠의 주가 성적이 죽을 쑤고 있긴 하지만, 전문가들은 저금리 시대 꾸준한 배당수익률을 가져다주는 리츠 상품이 여전히 매력적일 것이라고 보고 있다). 2021년에는 마스턴프리미어리츠, 신한서부티엔디리츠, 디엔디플랫폼리츠 등이 상장을 준비하고 있는데, 한국거래소KRX는 이들까지 총 16개의 리츠가 확보되면 상장 리츠만으로 리츠 지수를 신설할 계획이다. 이렇게 되면 리츠 상장지수펀드ETF도 시장에서 거래할 수 있을 것이다.

리츠뿐만 아니라 테라펀딩이나 어니스트펀드 같은 부동산 P2P 플랫폼들이 중금리 상품도 내놓으면서 일반인들에게 점점 더 부동산 투자 기회가 많아지고 있다. 부동산 P2P 상품의 경우 연 8~15%대의 중금리 수익률을 보장하면서도 1~10만 원 정도의 적은 금액으로 투자를 시작할 수 있어 일반인의 진입 장벽이 훨씬 낮아졌기

구분	2019년	2020년
이리츠코크렙	175(3.60)	175(2.60)
신한알파리츠	137(2.30)	150(2.40)
롯데리츠	–	96(1.50)
모두투어리츠	82(2.67)	168(5.96)
에이리츠	318(5.50)	428(6.00)
케이탑리츠	20(2.00)	25(2.50)
NH프라임리츠	※ 배당 내역 없음	

2020년 상반기 상장 리츠 7개 주가 배당금 및 배당률 현황
단위: 원(1주당), ( ) 괄호 안은 시가배당률 %, 보통주 기준

때문이다. 그 덕분에 고액 자산가들의 전유물로만 여겼던 부동산 투자가 점점 대중화되고 있다.

주식보다 싸고 쉬운 부동산 증권

리츠가 일반인에게 좀 더 다양한 기회를 제공하는 것은 사실이지만, 규모가 상당한 부동산을 대상으로 하다 보니 그 수가 한정적이긴 하다. 이를 해결하고자 리츠 상품으로 거래되는 부동산보다 조

금 더 작은 규모의 부동산도 주식처럼 사고팔 수 있게 서비스가 나왔는데, 카사 코리아의 '댑스'가 바로 그것이다.

카사 코리아는 그동안 개인이 쉽게 접근할 수 없었던 상업 부동산을 디지털 증권으로 만들어 사고팔 수 있게 해주는 회사다. 주로 서울과 경기, 인천 지역의 200~1,000억 원대 상업 부동산을 증권화해서 단돈 5,000원 단위로 쪼개 실시간으로 사고팔도록 부동산 수익증권 거래 플랫폼을 출시했다. 이 플랫폼에서 상업용 건물을 담보로 하는 자산유동화증권ABS, Asset-Backed Security을 디지털화한 디지털 자산유동화증권인 댑스DABS, Digital Asset-Backed Security가 거래된다. 투자자가 카사의 애플리케이션에서 신원 인증을 거쳐 비대면 계좌를 개설하면 최소 5,000원부터 댑스를 살 수 있다. 2020년 12월 카사코리아는 서울 강남구 역삼동 소재 '역삼 런던빌' 건물을 공모해 101억 8,000만 원을 조달하고, 거래 개시 첫날에는 4만 1,000여 개의 댑스가 거래됐다고 밝혔다.

카사의 '댑스'는 본질적으로 공모 리츠 개념과 비슷하다고 보면 된다. 상업용 부동산에 대한 지분을 여러 사람이 나눠 갖으며, 이 댑스를 소유한 사람들이 임대수익을 배당받거나 댑스를 매도할 때 시세 차익을 얻을 수 있다는 점에서 공모 리츠와 비슷하다. 그렇다면 리츠와 비교했을 때 어떤 점이 다를까? 크게 2가지 정도인데, 우선 거래되는 부동산의 규모가 다르다. 리츠의 경우 거래되는 부동산이 주로 1,000억 원 이상의 대형 우량 물건이라면 카사 코리아에서 거래되는 부동산은 주로 1,000억 원대 미만이다.

현재 거래소에 상장된 리츠는 주로 임차인이 확실한 1,000억 원 이상의 프라임급 오피스나 상업용 건물을 편입 자산으로 한다. 예를 들면 서울역 서울스퀘어나 삼성물산 서초사옥, 판교 크래프톤 타워 같이 프라임급 자산을 운용하거나 뉴코아, 롯데백화점 등 매출액이 어느 정도 보장된 리테일 매장을 포트폴리오로 보유하고 있다. 그렇다 보니 부동산의 임대료나 수익률은 안정적인 편이지만 이런 규모의 부동산 매물들은 그 수 자체가 적다. 쉽게 말해 부동산에 설정할 수 있는 리츠의 수가 한정적이다.

그렇다면 댑스는 어떨까. 예창완 카사 대표는 카사의 플랫폼 사업을 시작하게 된 계기이자 이 사업이 리츠의 부족한 점을 어떻게 보완할 수 있는지 다음과 같이 설명했다. "기존에도 거액의 부동산이 리츠 상품으로 개발되어 상장, 거래되고 있었습니다. 하지만 일반 투자자가 진입하기에는 여전히 시장 문턱이 높고 절차도 복잡한 게 현실이죠. 물론 부동산 펀드나 리츠 회사 입장에서 보면 수천억 원 상당의 상업용 부동산 정도 되어야 투자수익률을 기대할 수 있기 때문에 그럴 수밖에 없었을 겁니다. 하지만 저희는 바로 여기에 기회가 있다고 봤죠. 그래서 리츠와는 차별화된, 서울 지역 기준으로 전체 상업용 부동산 거래량의 60%를 차지하는 1,000억 원 이하 중소형 빌딩 자산 유동화에 주력할 계획입니다." 일반 투자자 입장에서 보면 카사 플랫폼을 이용할 경우 좀 더 많은 부동산 매물에 투자할 기회가 생기는 셈이다.

리츠와 댑스의 또 다른 점은 댑스의 거래 과정이 리츠보다 덜 복잡하다는 것이다. 공모 리츠의 경우 금융 당국과 한국거래소의 심사를 받아야 거래할 수 있지만, 댑스는 한국거래소를 거치지 않고 투자할 수 있다. 무슨 말인가 하면, 리츠는 법적으로 기업 규모와 주주 수, 상장주식 수 등의 요건에 맞춰 까다로운 심사를 통과해야만 한다. 증권 상품이 감독을 받지 않는 경우, 불투명한 회계나 불완전한 정보, 무분별한 거래 등으로 투자자들이 피해를 보기 때문이다. 하지만 카사는 블록체인 기술을 활용하기에 중앙화된 감독기관이 필요하지 않다. 거래 기록 자체가 다수의 신뢰할 만한 기관들에 의해 공유돼 중앙에서 관리해줄 기구가 딱히 필요하지 않다.

법적으로 리츠는 부동산 투자 회사의 주식, 카사의 댑스는 부동산 프로젝트 파이낸싱에 쓰이는 부동산처분신탁의 수익증권을 디지털화한 것으로 그 개념이 약간 다르지만, 부동산 개발이나 매매 과정에 필요한 자금을 여러 사람에게서 모은 다음 이후 그 수익을 돌려준다는 점에서 유사한 부분이 있다. 다만 일반 투자자라면 카사 플랫폼을 이용할 경우 더 다양한 부동산 상품에 투자할 수 있다.

카사가 댑스를 상용화하면서 복잡한 절차를 줄이고 실시간 거래를 할 수 있었던 것은 결정적으로 프라이빗 블록체인인 하이퍼레저 패브릭Hyperledger Fabric[12] 기술을 활용하기 때문이다.

많은 국가들이 거래의 신뢰를 담보하기 위해 중앙화된 거래 기록을 유지하고 심사·감독 기구를 운영한다. 리츠 같은 부동산 투자 회사의 주식이나 부동산 펀드 같은 증권들이 상장되거나 시중에 유통될 때 거래소의 심사를 거쳐야 하고 '중앙집권적' 거래소에서만 이용할 수 있는 것도 이 때문이다. 하지만 이럴 경우 심사 및 상장 과정에 따른 행정 비용과 수수료도 필연적으로 수반되기 마련이다. '서로 주고받아야 하는 서류만 수만 장'이란 이야기가 괜히 도는 것이 아니다. 한마디로 절차가 복잡하고 비용도 많이 든다. 오죽하면 상장 리츠가 비활성화되는 원인으로 높은 행정 비용을 꼽았겠는가.

반면 블록체인은 원칙상 거래 정보가 네트워크 참여자 모두에게 '분산 저장'된다. 한 번 기록된 정보는 되돌릴 수 없고, 고치더라도 그 기록이 남는다. 네트워크 참여자가 공동으로 거래 정보를 검증하고 보관하기 때문에 중앙에서 관리해줄 기관이 없어도 거래기록을 믿을 수 있다(물론 많은 참여자의 합의를 거쳐야 해서 거래 처리 속도가 느리고 용량에도 한계가 있는 것은 단점으로 꼽는다). 현재 미국 나스닥과 호주, 홍콩의 주식 거래소에서는 블록체인 기반의 청산결제시스템을 구축하여 거래 효율성을 높이고 있다. 이런 블록체인은 보통 누구나 네트워크에 접속할 수 있는 퍼블릭 블록체인(비트코인이

---

12 하이퍼레저는 오픈소스 운영체제로 잘 알려진 리눅스 재단에서 주관하는 블록체인 오픈소스 프로젝트다. IBM에 따르면 하이퍼레저를 통해 리눅스는 '금융과 사물인터넷, 물류, 제조, 기술 산업 등 여러 산업에 응용 가능한 블록체인 기술을 만드는 것을 목표'로 하고 있다.

나 이더리움 등)과 인증을 거쳐 허가를 받은 사람만 접속할 수 있는 프라이빗 블록체인으로 나뉘는데, 프라이빗 블록체인은 멤버십이 집단으로 정의돼 있어 정해진 참여자에게만 접근 권한을 부여하는 비즈니스 네트워크에 적합하다. 이를 통해 한국거래소처럼 중앙화되지 않아도 신뢰도 높은 실시간 거래가 가능해진다.

카사는 이런 프라이빗 블록체인인 하이퍼레저 패브릭 기술을 이용해 공공기관과 시중 부동산 신탁사를 참여자로 하는 네트워크를 구성했다(카사 관계자에 따르면 블록체인을 구성하는 프라이빗 참여자들에 협력사들 및 금융결제원 등 공공기관도 함께 참여한다). 이 허가된 참여자들을 통해 거래의 신뢰성을 보장하면서도 거래 비용은 절감시켰다. 또 플랫폼에서 거래되는 거래 정보는 일일이 주고받지 않더라도 참여자가 모두 확인할 수 있다. 행정 비용이 절감된 덕에 운용비를 줄일 수 있고, 상대적으로 규모가 작은 부동산도 운용 자산으로 편입할 수 있으며 그 비용을 투자자들의 수익으로 돌려준다.

카사는 KB국민은행과 하나은행, 한국토지신탁, 한국자산신탁, 코람코자산신탁 등과 협력해 2019년 5월 금융위원회의 혁신금융서비스로 선정돼 규제 특례를 받게 됐다. 카사 플랫폼에 올라가는 부동산은 부동산 회사인 한국토지신탁과 한국자산신탁, 코람코자산신탁 등이 1차적으로 평가·선정한다. 또한 부동산 관련 법률·회계·자산운용사 대표급 15인으로 구성된 외부 상장 심사위원회가 자산 안전성을 추가로 검토한 뒤 상장을 권고하면, 카사가 최종 결정한 다음 주식발행신고서를 발행한다. 마치 '작은 부동산 주식 시장'과 같다.

카사처럼 부동산을 전자증권 형태로 만들어 온라인으로 사고파는 시도는 전 세계적으로 진행되고 있다. 글로벌 저금리 기조와 부동산 투자 유행에 힘입어 여러 국가에서 부동산을 증권화해 잘게 쪼개 파는 것은 물론, 더 나아가 중앙화된 거래소를 거치지 않고 블록체인 기술을 이용해 전자증권이나 토큰을 만드는 것이다. 블록체인 미디어 '레저 인사이트Ledger Insights'와 '토크니스트Tokenist'는 일본 도쿄의 리드 리얼에스테이트가 도쿄 올림픽을 앞두고 콘도와 호텔 등을 개발하기 위해 부동산 증권화 토큰을 발행한다고 보도했다.[13] 이 일을 맡은 미국 샌프란시스코의 '시큐리타이즈Securitize'라는 회사는 증권형 토큰을 발행하는 회사로 스페인의 산탄데르 은행과 일본의 소니 파이낸셜 벤처스, 노무라 홀딩스 등으로부터 투자를 받았다. 홍콩의 리퀴파이Liquefy나 독일의 푼다멘트Fundament 역시 비슷한 형태의 토큰화 플랫폼을 운영하고 있다.

블록체인 네트워크에서 거래되는 증권형 토큰인 STO를 발행하려는 시도는 굉장히 중요하다. 대부분의 코인들이 자산으로 구분하기에 모호하고 추적이 어렵다는 이유로 많은 나라가 토큰 발행을 금지하고 있고, 국내에서도 코인을 발행하는 ICOInitial Coin Offering는

---

[13] 하지만 2020년 이후 코로나19로 올림픽을 2021년에 치를 수 있을지도 불확실해진 상황이라 토큰 발행도 미궁에 빠진 상태다.

원칙상 금지돼 있다. 하지만 증권형 토큰으로 발행하면 증권거래소에서 거래되는 증권과 유사하다고 인정받기 때문에 규제 당국의 허가를 받기가 한층 수월해진다. 2019년부터 독일이나 홍콩, 미국 샌프란시스코 등지에서 각 금융 당국의 허가를 받은 스타트업들이 부동산 토큰을 유통하는 데 박차를 가하고 있는 것도 이 때문이다.

빈집, 빈방도 돈이 된다?

부동산을 증권화하여 거래하는 플랫폼들도 주목할 만하지만 부동산을 좀 더 효율적으로, 돈 되는 비즈니스로 만드는 플랫폼이 또 있다. 그 대표적인 플랫폼이 이미 우리에게도 너무 익숙한 에어비앤비와 위워크다. 코로나19로 인해 에어비앤비의 성장세가 주춤하고, 위워크는 상장을 앞두고 만성 적자와 기업 경영 부실 등의 문제가 불거져 기업 가치가 크게 떨어지긴 했지만, 이들의 비즈니스 모델은 분명 주목할 만하다.[14] 부동산 시장이 앞으로 어떻게 변할 수

---

14 위워크의 상장 실패와 코로나19 대유행으로 미래에 물음표가 붙었던 에어비앤비는 2020년 12월 17일 상장 첫날 시가총액 110조 원을 기록하며 성공적인 성적표를 받았다. 주식 가격은 공모가 68달러에서 상장 당일 144.7달러로 112.8%나 올랐다. 에어비앤비의 시가총액은 세계 최대 온라인 여행사인 익스피디아와 글로벌 호텔 체인 메리어트 인터내셔널의 것을 합친 것보다도 큰 액수다.

있는지, 어디에 투자가치가 있는지 또 하나의 길을 제시해주었기 때문이다.

에어비앤비와 위워크의 비즈니스 모델에서 주목해야 할 것은 부동산 중에서도 '비어 있는 공간'이다. 에어비앤비는 호텔이나 숙박업소가 아닌 일반 가정의 빈집이나 빈방을 하루 단위로 빌릴 수 있는 비즈니스 모델을 만들었다. 이는 대단히 중요한 문제인데, 통상적으로 일대일 임대차 계약을 맺고 월 단위, 연 단위로 계약하던 부동산 거래의 패러다임 자체를 바꿨기 때문이다. 마치 숙박 업계의 우버라고 할까(에어비앤비가 먼저 설립되긴 했지만).

위워크의 비즈니스 모델도 마찬가지다. 통상 우리가 사무실을 임대할 때 건물주와 일정 기간 이상 계약을 맺고 임대료를 지불하는 것이 보통의 거래 방식이다. 유동인구나 편의시설이 많거나 교통이 편리할수록, 사무실의 규모가 클수록 임대료는 비싸기 마련이다. 그런데 계약 기간까지 연 단위로 길다 보니 입지 조건이 좋은 큰 사무실을 구하고 싶어도 비싼 임대료를 충당할 수 없다면 구할 수가 없다. 하지만 위워크 덕에 많은 사람이 비교적 저렴한 값에 이런 입지 좋은 사무실을 이용할 수 있게 됐다. 위워크가 그들을 대신하여 장기간 건물을 임대한 다음 다시 그것을 쪼개어 여러 사람에게 일정 기간 나눠 빌려주기 때문이다. 이런 위워크의 비즈니스 모델 덕분에 고객은 입지 조건이 좋은 건물을 이용할 수 있어 좋고, 위워크는 임대 기간을 늘려 저렴한 값에 건물을 빌리는 대신 사람들에게 받은 임대료의 차익으로 수익을 올릴 수 있어 좋다.

2019년 전셋집을 구하던 임동선 씨는 에어비앤비를 해보라는 친구들의 말을 듣고, 서울의 2호선 낙성대역 인근 3분 거리에 있는 40평대 상가주택을 구했다. 어차피 살 거 임대료도 아끼고 짤짤한 부수입도 챙길 수 있다는 생각에 1,000만 원을 들여 집 안을 리모델링하고, 에어비앤비를 이용해 투숙하려는 손님도 받았다.

강남과 멀지 않은 역세권 입지라 그런지 생각보다 많은 사람이 오고 갔고, 특히 서울대에 볼 일이 있는 외국인들이 많이 찾아왔다. 교환학생으로 와서 한 학기 동안 장기 투숙하는 손님 덕분에 한동안은 임대료를 내고도 월 200만 원에 가까운 수입이 생겼다. 투숙객을 관리하고 청소까지 신경 써야 하는 번거로움이 있긴 했지만, 외국인 투숙객들과 같이 살면서 서로의 친구들을 불러 저녁식사도 함께하고 옥상에서 조그마한 파티를 여는 등 어울리며 지내는 것이 꽤 재미있었다. 거기다가 집이 예쁘다고 소문이 나면서 집이 화보나 영화 촬영 장소로 쓰여 추가 수익도 올리게 됐다.

2008년 미국에서 시작한 에어비앤비는 숙박 공유 플랫폼을 넘어 이제는 여행, 파티 등 다양한 경험을 공유하는 플랫폼으로 거듭나고 있다. 2020년 기준으로 창업 12년 만에 기업 가치 180억 달러(약 21조 원), 미국에서 네 번째로 큰 스타트업이 된 에어비앤비는 전 세계 1억 5,000만 명의 투숙객에게 191개국, 8만 1,000개 도시, 400만 개가 넘는 숙박 공간을 제공한다. 그뿐만 아니라 숙박

임동선 씨가 에어비앤비에 올린 집과 사람들의 반응

하는 지역에서 현지 체험을 할 수 있게끔 경험·여행 서비스를 제공하는 '트립trip'을 2016년부터 시작했으며, 최근에는 뒷마당에 작게 집을 지어 에어비앤비 수익을 누리게끔 하는 '사마라samara'라는 건축·스마트 홈 서비스도 미국에서 준비하고 있다. 에어비앤비의 공동창업자인 조 게비아는 2019년 '백야드backyard' 프로젝트를 통해 주거 사업을 시작할 것이라 발표했는데, 최신 모듈러 주택 기술과 스마트 홈 기술을 탑재한 주택을 지으려는 계획이다. 게비아는 이를 두고 "집 하나만 바라보는 것이 아니라 주거 개념을 재정의하려는 프로젝트."라고 말했다. 쉽게 말해 단순히 집만 짓는 것이 아니라 그간 에어비앤비가 지향했던 커뮤니티 주거와 코리빙Co-living, 친환경 생활양식도 담아낸다는 방침이다. 이 내용을 보도한 미국의 스타트업 전문 매체 '패스트컴퍼니'는 에어비앤비의 새로운 주택이 스몰 코티지Small Cottage, 기존 주택의 남는 공간에 제2의 집을 짓는 형태 개념에 가깝다고 말했다.

다양한 숙박 공간을 제공하는 것을 넘어서 숙박 지역 주변에서 해볼 수 있는 다양한 경험을 제공하고, 주거 사업까지 하는 등 에어비앤비가 계속해서 몸집을 키우고 빠르게 성장할 수 있었던 데에는 IT 기술이 크게 한몫했다. 이른바 프롭테크 요소를 적극 활용한 것인데, 검색창에서부터 사용자가 원하는 집을 추천해주는 기능이나 호스트 평가 기능, 메시지 기능 등 곳곳에 이런 IT 기술을 활용한 서비스가 즐비하다. 덕분에 전 세계 1억 명이 넘는 사용자가 수백만 개의 집을 짧은 시간 안에 불편함 없이 찾아보고 이용할 수 있다.

에어비앤비는 개인 맞춤형 숙소와 경험을 제공하기 위해 머신러닝 기술을 이용한다. 사람들은 각자 원하는 경험이 모두 다르고, 플랫폼에 등록된 숙소나 경험도 매우 다양하기에 이런 개인 맞춤형 서비스를 제공하는 일은 서비스의 질을 높이는데 빼놓을 수 없는 요소다. 에어비앤비를 이용할 때에는 예약된 집의 위치, 숙소 이용 날짜, 이용 기간, 숙박하려는 인원 수, 가격, 여행의 종류, 해외여행

여부 등의 항목을 필터링하게 되어 있는데, 이런 요소들이 바로 개인 맞춤형 숙소를 제공하기 위한 항목들이라고 생각하면 된다.

앞서 언급된 트립 서비스의 경우, 5만 개의 사례를 표본 데이터로 설정해 경험의 기간이나 가격, 시간당 가격, 경험의 종류(요리, 음악, 서핑 등), 리뷰 수와 평점, 예약 횟수, 예약률, 최대 참여 인원수, 클릭 수 등을 분석해 점수화하며, 에어비앤비의 추천 시스템도 이런 데이터를 바탕으로 한다. 가령 예약한 집의 위치가 찾아가는 트립 장소와 멀면 사람들은 꺼릴 수밖에 없다. 따라서 숙박하려는 집과 트립 서비스를 이용하려는 곳의 거리를 계산해 예약한 숙박 공간에서 가까운 거리에 있는 트립을 추천해준다. 또한 숙박하는 동안에 참여할 수 있는 트립인지도 확인해서 알려준다.

이 추천 시스템은 사용자가 어떤 걸 검색하는지도 기록해 반영하는데, 만약 사용자가 음악과 관련된 트립을 여러 번 누른다면, 그가 음악에 관심이 많을 것이라 추정한다. 또 저녁에 하는 트립을 많이 찾는다면, 사용자가 저녁에 하는 트립에 흥미를 느낄 가능성이 크다고 인식한다. 그리고 이런 데이터를 바탕으로 추천하는 것이다.

💬 번쩍거리는 사옥 대신 공유 오피스가 대세

위워크를 제치고 국내에 공유 오피스 1등 기업으로 주목받고 있는 곳이 있다. 바로 패스트파이브이다. 2015년에 설립되어 2021년 기준으로 27개의 지점을 보유하고 있으며, 이 업체의 공유 오피스에 입주한 회사만 약 2,000여 곳에 달할 정도로 회사들 사이에서는 큰 인기를 얻고 있다. 사업 초기 위워크의 '목 좋은 곳에 차려 가능성 있는 기업들을 받는다'는 초기 성장 전략을 따라 하던 패스트파이브는 빠르게 성장해 어느새 위워크의 지점보다 많아졌다. 이에 따라 2023년까지 1만 7,000여 명이었던 고객을 3만 명으로, 25개 지점을 80곳으로 늘린다는 계획과 함께 연내 코스닥 상장 포부까지 밝혔다.[15]

이 회사가 시장에서 인기를 끈 까닭은 아무래도 업계에서 가장 덩치가 컸던 위워크의 위세가 한풀 꺾인 탓도 있겠지만 국내시장에 최적화되어 있다는 점, 합리적인 가격에 고객사 맞춤형 서비스를 제공한다는 점과 같은 장점 때문일 것이다. 주요 지점들이 강남권에 많은 데다 주요 건물이 초역세권 프라임 빌딩임에도 불구하고 보증금이나 관리비가 없다. 경쟁사인 위워크의 두 달 치에 해당하는 보증금과 월세가 업계 수준에 비해 높은 점, 또 장기 계약 위약금이 거액인 것에 반해 패스트파이브는 그런 것이 없으니 고객사

---

[15] 2020년 7월 코스닥 상장을 위한 예비 심사를 청구했지만, 12월 상장 계획을 철회했다. 박지웅 패스트파이브 이사회 의장은 "'오피스 플랫폼' 회사로 성과를 좀 더 끌어올린 뒤 재추진해보려고 한다."라고 밝혔다.

들이 좋아할 수밖에 없다. 또 27개 지점마다 각기 다른 할인 제도를 제공하고 있으며, 입주사를 지원하는 서비스도 24시간 제공한다. 인원수에 따라, 어떤 공간을 사용할지에 따라 비용을 다르게 해서 사용할 수 있게끔 멤버십 제도 또한 잘되어 있다.

특히 공유 오피스 멤버십을 이용할 경우, 어린이집, 테라스, 필라테스존, 다이닝룸 등 다양한 공간을 함께 이용할 수 있다는 점도 주목할 만하다. 이 중 공동 직장 어린이집은 국내 공유 오피스 업체 중 최초로 제공하는 서비스로, 입주사에게 큰 호응을 얻고 있다. 이렇다 보니 업무용 메신저 기업 잔디, 크라우드펀딩 플랫폼 텀블벅 등 규모가 작은 스타트업부터 KB금융그룹, 매일유업, 광동제약 등 대기업, 서울산업진흥원 같은 공기업까지 다양한 입주사가 이 회사의 서비스를 이용하고 있다.

최근에는 카카오와 MOU도 체결하여 성수점에 카카오브런치 전용 공간도 조성했다. 2020년 기준 위워크의 공실률이 30%에 달한 것에 비해 패스트파이브의 공실률은 3% 수준이며, 2016년부터 19년도까지 총 750억 원에 이르는 투자금을 유치하는 등 꾸준히 성장하고 있다.

패스트파이브는 공유 오피스를 제공하는 서비스로 시작하기는 했지만, 공간 플랫폼을 바탕으로 사무실 사업뿐만 아니라 주거, 교육, 부동산 관리 등 사업영역을 넓힐 것으로 예상된다. 2019년 상반기 주거 브랜드 '라이프'를 선보이고 서울 강남구 선정릉역 인근에 라운지, 체육관, 편의시설, 다이닝룸, 미팅룸 등을 갖춘 130실의 원룸형 주거 공간도 내놓았기 때문이다. 이곳에서는 룸 클리닝, 조식, 세탁 서비스 등 프리미엄 서비스와 커뮤니티 이벤트 등도 제공된다.

그뿐만 아니라 2020년 중반 성인 교육 스타트업 패스트캠퍼스에 투자해 최대 주주가 됐으며, 모기업인 패스트트랙아시아의 벤처 캐피털사인 패스트인베스트먼트를 통해 독서 기반 커뮤니티인 트레바리에 투자하기도 했다. 김대일 패스트파이브 대표는 이런 행보를 두고 "설립 초기에 국내 대표 공유 오피스로 자리 잡고자 했던 목표를 넘어서, 부동산 시장 전체를 콘텐츠·서비스업 관점에서 혁신해나가겠다는 비전으로 확대하고 있다. 토지, 건물, 시공, 분양 등 하드웨어 중심이었던 부동산 시장을 라이프 스타일 콘텐츠와 서비스 중심으로 혁신해나가겠다."라고 밝히기도 했다.

공유 오피스가 아무래도 여러 사람이 모이는 공간이다 보니 코로나19 바이러스 확산에 대한 우려가 컸지만, 상황이 호전되고 재택근무 등이 풀려 다시 사무실에서 근무하게 되면 오히려 일반 사무실이나 카페 같은 곳보다는 공유 오피스에 대한 수요가 더 클 수 있다. 멤버십 서비스로 운영되고 있어서 일단 출입할 때부터 신원이 확실한 사람만 입장할 수 있고, 어느 시간대에 누가 들어오고 나갔는지 바로 확인할 수 있기 때문이다.

LG서브원이나 한화생명, 현대카드, 롯데자산개발 등 대기업들도 이 사업에 뛰어들고 있는데, 대부분 비지정석인 핫데스크와 유리벽이나 가벽 등으로 구분 짓는 지정석·사무실로 구성하는 위워크·패스트파이브 모델을 따라가고 있다.

SK의 스마트 오피스 사례는 꽤 색다른데, SK텔레콤의 IT기술을 이용해 근무자 동선을 분석하여 직원의 자리를 배치하고, 휴대전화만 있으면 어디서든 일할 수 있는 스마트 스테이션 등을 갖춰놓았다. 포스트 코로나를 대비해 서울 종로·마포·강남·송파·강서, 경기 분당·판교·일산 등 서울 주요 지역과 인근 도시에 '거점 오피스'를 마련해 직원들의 출퇴근 시간을 20분 이내로 줄이는 실험도 신선하다.

이렇듯 위워크나 패스트파이브의 비즈니스 모델, 대기업들이 오피스의 변화를 주는 방식을 보면 기술을 이용해 빈 공간을 좀 더 효율적으로 사용하거나, 다양한 목적에 맞게 탈바꿈한다거나 프라이빗한 공간을 제공하는 것은 점차 확대될 것으로 보인다. 공유 오피스를 포함해 이러한 방식으로 수익을 내는 플랫폼이나 비즈니스 모델이 계속해서 나올 것이므로 앞으로 이 영역의 사업들 역시 주목할 필요가 있다.

각양각색 대여 공간이 뜬다

코로나19로 숙박 수요가 줄어든 것은 분명하지만, 몇몇 사람들이 숙박 대신 작은 홈 파티나 소규모 모임 장소로 에어비앤비를 이용하고 있다. 코로나19로 불특정 다수가 모이는 식당, 술집 등이 위험하다고 느낀 사람들이 지인만 삼삼오오 모일 수 있는 공간을 찾기 시작했기 때문이다. 에어비앤비 관계자는 "코로나19로 인해 사람들이 많이 모이는 곳에 가는 건 꺼려지지만 사회 활동은 하고 싶은 젊은 사람들이 작은 그룹으로 모여서 수다 떨 수 있는 공간을 찾는 수요가 새롭게 눈에 띄었다."라고 말했다.

코로나19가 아니더라도 트렌드의 변화로 인해 적은 규모로 모일 수 있는 공간, 파티룸, 공연장, 연습실, 유튜브 스튜디오 등 새로운 공간에 대한 니즈는 계속 생겨나고 있다. 스페이스클라우드는 이러한 변화를 잘 포착한 프롭테크 기업이자 공간 공유 플랫폼이다. 2013년 서울 곳곳에 회의실이나 모임 장소, 세미나실을 예약하는 서비스로 시작한 이 회사는 파티룸, 루프탑, 엠티 장소, 연습실 등 1만 7,000개가 넘는 다양한 공간을 80만 명의 회원들에게 연결시켜주는 플랫폼으로 커졌다. 정수현 스페이스클라우드 대표는 "예약 데이터를 보면 소규모 인원이 모일 수 있는 파티룸을 찾는 경우가 많은데, 서비스를 시작할 때만 하더라도 사람들의 다양한 공간에 대한 니즈가 이렇게 클 것이라곤 상상도 못했다."라고 말했다.

스페이스클라우드는 수요자가 원하는 공간을 찾아주기도 하지만 먼저 공간을 '제안'하기도 한다. 예를 들면 2010년대 중반 이후 여가에 대한 사람들의 관심이 늘면서 모임에 대한 수요도 늘었는데, 스페이스클라우드는 사람들에게 모임을 개최하거나 엠티 장소로 쓸 만한 공간 정보를 제공해주었다. 케이팝 열풍으로 춤을 연습하려는 10~20대의 연습실에 대한 수요도 나타났는데, 이 역시 스페이스클라우드가 해결해주었다. 몇 해 전부터 유튜브가 대세로 떠오르면서 유튜버를 지망하는 사람들이 늘기 시작했는데, 영상을 촬영할 스튜디오나 녹음실에 대한 수요가 보이자 곧바로 이 공간들을 분류해 따로 찾을 수 있도록 했다. 이에 힘입어 스페이스클라우드는 연 거래액 150억 원을 내는 기업으로 성장했고, 공간 공유 영역에서 새로운 시장을 연 주인공이 됐다.

스페이스클라우드처럼 다양한 대여 공간 정보를 제공하는 플랫폼뿐만 아니라 아예 공간 자체를 직접 대여해주는 회사나 개인 사업자도 늘고 있다. '백지장'이란 회사는 이름 그대로 아무것도 없는 하얀 공간에 가구 몇 채, 빔프로젝터 하나 놓고 시작한 공간 대여 회사인데, 서울 신도림역 부근 지하 공간을 빌려주면서 사업을 시작했다. IMF 이후 19년간 방치됐던 날것의 공간이지만, 유튜브 채널 운영자, 문화 콘텐츠 제작자, 아이돌 팬덤 등이 상대적으로 저렴한 가격에 원하는 목적에 맞춰 인테리어를 한 후 공간을 쓸 수 있어 입소문을 탔다. 2021년 기준으로 대여 공간이 8곳으로 늘었는데, 한 곳당 평균 월매출이 150~200만 원 정도 된다. 다 합치면 월 1,000만 원 내외로 버는 셈이다. 김차근 백지장 대표는 "코로나19 때문에 많은 사람이 적은 규모로 모일 수 있는 공간을 찾고 있고, 언택트 시대에 서로 아는 사람들끼리만 모여 어울릴 수 있는 공간에 대한 수요는 점점 더 커질 것."이라며 사업을 긍정적으로 내다보았다.

식당과 술집도 사무실로 쓴다?

사무실이나 주방, 주택의 빈 공간만 돈이 되는 것이 아니다. 식당이나 술집, 창고까지 빈 시간을 활용해 공간을 대여해주고 수익을 낼 수 있다. 미국의 케틀스페이스Kettlespace는 식당의 브레이크 타임 동안 빈 공간을 사무실로 쓸 수 있게끔 서비스를 제공하는 스타트업이다. 영업 시작 전이나 점심·저녁 장사 사이 브레이크 타임을 이용해서 레스토랑·술집 등을 공용 사무 공간으로 제공한다. 주된 고객층은 프리랜서나 스타트업, 원격 근무자 등이다. 사용자는 월 99달러 또는 연간 999달러를 내면 도시 곳곳에 등록된 식당이나 바를 사무실처럼 쓸 수 있다. 인터넷과 커피나 차, 프린터 등을 기본으로 제공하며, 꼭 음식을 사 먹지 않아도 된다. 뉴욕에 16개 식당과 바 공간을 제공하고 있으며, 대부분 모던한 디자인에 '스타벅스' 같은 분위기를 풍기고 있어 사람들이 자주 찾는다.

사업주 입장에서는 빈 시간에 공간을 대여해주어 추가 수익을 올리고 찾아오는 사람들에게 레스토랑 홍보까지 덤으로 할 수 있으니 일석이조다. 이용자도 기존 사무실이나 카페보다 저렴한 가격에 업무 공간을 빌릴 수 있으니 수요가 높다. 물론 영업 시간 외에만 써야 한다는 단점이 있긴 하지만, 본인의 업무 시간과 맞기만 한다면 크게 문제될 것이 없다.

미국 뉴욕과 샌프란시스코 등지에서는 식당이나 술집 외에도 피트니스 센터나 사교클럽, 도서관 같은 공간을 공유 사무실로 제공하는 비즈니스 모델들이 생기고 있다. 정해진 공간에서 일하는 것보다 유연한 업무 환경을 선호하는 2030세대들이 늘면서, 이런 자유로운 공간을 공유 사무실로 사용하는 것이 열풍인 듯하다. 〈뉴욕타임스〉는 "다양한 곳에서 일하고 싶어 하는 프리랜서들의 니즈와 빈 공간을 활용해 조금이라도 수익을 더 올리려는 사업주들의 니즈가 맞아떨어진 덕분."이라고 분석했다.

유휴 공간이 유니크한 팝업 스토어로

스토어프론트Storefront는 도심 내 유휴 공간을 중개하는 미국 스타트업이다. 2012년 미국 샌프란시스코에서 설립된 이 회사는 비어 있는 상가나 창고, 사무실을 하루 단위로 단기 임대해준다. 영국의 어피어히어AppearHere도 비슷한 서비스를 제공하는데, 2013년 창업주 로스 베일리는 런던 가판대에서 옷을 팔다가 비어 있는 상점들을 단기로 빌려주면 수익이 나겠다는 생각에 창업했다. 그는 영국 〈가디언〉과의 인터뷰에서 "모두 시내 중심가 상권이 죽고 빈 상점이 크게 늘었다고 이야기한다. 나는 바로 거기에서 아이디어를 얻어 빈 상점을 좀 더 유연하게 사용할 수는 없을지, 사람들이 시내 중심 상권에 좀 더 쉽게 진입할 수 없을지 생각했다."라며 사업 취지를 설명했다.

두 회사의 서비스를 이용하는 고객들은 주로 팝업 스토어를 열 만한 공간을 찾는다. 팝업 스토어는 특정 기간, 특정 장소에서만 여는 소매점을 뜻하는데, 제품 시판이나 제품 론칭, 브랜드 쇼케이스 등을 열고자 할 때 필요한 공간이다. 보통은 이렇게 단기로 프로젝트를 진행할 만한 공간을 찾으려면 이용자가 발품을 많이 팔아야 한다. 사람들이 많이 지나다니는 핵심 입지의 공간을 찾는 경우가 대부분이기 때문이다. 하지만 건물주를 직접 찾아다닐 수도 없고 단기로 공간을 임대하는 일은 이익이 크게 남지 않아 중개인들도 잘 나서지 않는다.

이 두 회사는 바로 이 지점을 노리고 비즈니스 모델을 만들었다. 덕분에 팝업 스토어를 열려는 사람은 이 회사의 홈페이지에 들어가 원하는 장소를 찾고, 임대 기간을 설정한 다음 임대료만 결제하면 쉽게 공간을 구할 수 있게 됐다. 여행객들에게 빈집을 제공하는 에어비앤비의 사업 모델과 비슷해 '소매 업계의 에어비앤비'라 부르기도 한다. 뉴욕에서 시작한 스토어프론트는 미국 시카고, 샌프란시스코, 로스앤젤레스, 영국 런던, 프랑스 파리 등 전 세계 17개 도시에 1만 곳 이상의 단기 임대 공간 정보를 보유하고 있다. 최근에는 서울에 있는 공간들도 등록됐다. 어피어히어는 영국, 미국, 프랑스 내 주요 도시들의 공간을 대여해준다.

미국 스타트업 정보 사이트 크런치베이스crunchbase에 따르면 조금 더 먼저 시작한 스토어프론트가 연 550만 달러의 매출액을, 어피어히어가 연 300만 달러의 매출액을 올리고 있다. 수수료는 15%씩 받는 것으로 알려져 있는데, 이를 바탕으로 계산해보면 두 회사는 각각 연 3,600만 달러, 2,000만 달러의 임대료를 받고 있다고 추정할 수 있다. 시제품을 선보이려는 예술가나 소상공인뿐만 아니라 구글이나 애플, 나이키, 코카콜라, 에르메스, 소니 등 글로벌 기업들도 이들 플랫폼을 이용해 팝업 행사를 진행했다.

국내에서는 스위트스팟Sweetspot이 이와 비슷한 방식으로 서비스를 제공하고 있다. '국내 최대 팝업 스토어 중개 플랫폼'이라는 소개에 걸맞게 팝업 스토어나 제품 론칭 이벤트를 열 만한 서울 주요 오피스 빌딩의 빈 공간에 대한 정보를 다수 가지고 있다. 2021년 1월 기준으로 이 사이트에 올라온 공간은 205곳이며, 지역과 공간 유형을 선택해 검색하면 해당 공간의 장점, 추천할 만한 프로젝트, 제약 사항, 이용 규칙, 공간 위치 등의 정보를 확인할 수 있다. 이를 보고 시작일과 종료일을 선택해 예약할 수 있으며, 만일 다른 공간을 더 보고 싶다면 하단에 이와 비슷한 목적으로 이용할 수 있는 공간도 따로 추천해준다. 이 덕분에 도심의 그랑서울이나 미래에셋 센터원 빌딩, 동대문 DDP, 강남의 GFC 등에서 삼성, 샘소나이트, 테일러메이드 등 주요 리테일 브랜드가 최소 2일에서 최대 6개월 동안 단기 임대를 하여 팝업 스토어를 성황리에 마쳤다.

스위트스팟은 팝업 스토어를 열 만한 공간을 찾는 수요자에게 공간을 연결해주는 서비스도 제공하지만 직접 공간을 빌려 다양한 브랜드를 유치하거나 자체 편집 브랜드를 내세워 물건을 팔기도 한다. 홈페이지의 팝업 스토어 게시판을 보면 마켓 개최 상세 일정이 나와 있다. 잘될 때는 하루 매출액이 수천만 원에서 1억 원을 찍을 정도다.

사람이 많이 지나다니는 빌딩의 로비 공간은 내버려 두면 아무것도 아니지만, 팝업 스토어로 변신하는 순간 그야말로 목 좋은 요지가 된다. 상주인구 수천 명 이상이 오가는 것만큼 상점에 큰 이점이 없기 때문이다. 최근에는 빌딩의 로비뿐만 아니라 반포 푸르지오 써밋 같이 큰 아파트 단지 로비의 유휴 공간을 빌려 팝업 스토어를 열기도 했다.

사실 이런 서비스는 팝업 스토어를 찾으려는 수요자보다도 건물주들에게 더 인기가 좋다. 빈 공간을 내주면 수익을 얻을 수 있기 때문이다. 그래서 어피어히어는 세계 최대 사모펀드 운용사 블랙스톤, 미국 최대 쇼핑몰 운영 회사 사이먼 프로퍼티 그룹 등이 보유한 부동산을 독점적으로 공급받아 단기로 임대하여 운영한다. 스위트스팟의 경우도 국민연금이나 싱가포르 투자청GIC, 삼성전자 등의 공간을 유치했다.

창고계의 에어비앤비 등장

2019년을 기점으로 해외 프롭테크 서비스 중에 떠오르고 있는 것 중 하나는 창고 공유 서비스다. 주거용 부동산에서 사무실, 상업용 부동산까지 다양한 형태의 공간을 대여해주는 비즈니스 모델들이 등장하면서 창고도 그 영역 안에 들어가게 됐다.

창고계의 에어비앤비라 불리는 '클러터Clutter'는 2013년 미국에서 시작한 온디맨드 물품 보관 서비스 업체다. 이 회사는 눈앞에 보이는 어수선한 잡동사니를 치운다는 의미의 기업명에 정확히 부합하는 서비스를 제공한다. 사용자는 소파, 가전제품 등을 클러터의 물류 창고에 원하는 기간 동안 보관해뒀다가 필요할 때 원하는 장소로 옮겨달라고 요청할 수 있다. 클러터의 전문 직원들은 물품 포장부터 창고로 이동, 배송하는 일까지 모두 책임진다. 모든 과정은 48시간 이내에 완료된다.

클러터의 서비스는 이용료까지 합리적이다. 월평균 요금이 90달러 정도라고 하는데, 맡길 물건의 사이즈에 따라 가격이 달라진다. 이 회사는 이미 사용 중인 창고나 이커머스 업체, 카페, 백화점 등이 보유한 대형 물품 창고를 임대한 다음 시간별·공간별로 나눠 자신들의 고객들에게 다시 빌려준다. 여기서 아낀 돈은 물건 포장이나 배송에 특화된 전문 물류 직원을 고용하는 데 쓴다. 클러터의 직원들은 물품 포장은 물론, 무겁고 전문가의 손길이 필요한 물건을 운반하는 훈련을 받는다. 또 포장할 때는 물건을 각각 사진 찍어 어떤 물건이 있는지 항목별로 정리한다(재미있는 점은 만약 고객이 필요 없는 물건이라고 판단해 매각을 요청하면 알아서 중고 시장에 팔아주기도 한다). 이 회사는 2019년 2월 소프트뱅크 비전펀드로부터 2억 달러를 투자받기도 했다. 기존 투자자는 구글과 애플, 유튜브 등에 투자한 세계 최대 규모의 벤처 캐피털 세쿼이어 캐피털Sequoia Capital과 구글 벤처스GV, 프롭테크 액셀러레이터이자 VC인 핍스 월Fifth Wall 등이다.

1인 가구나 대학생의 경우, 구매하는 물건은 많지만 주거 공간이 좁기 때문에 집에 다 보관하기 어려울 때가 많다. 기존 업계에서 제공하던 보관 서비스는 도심에서 멀리 떨어진 물류 창고를 이용하는 것이었는데, 불편한 부분이 많았다. 그중에서도 거리가 멀기 때문에 사용자가 원하는 때에 물건을 찾기 어렵고, 특히 직접 창고까지 물건을 가져갔다가 가지러 가야 한다는 번거로움이 단점으로 꼽혔다. 반면 클러터는 이 단점을 해소함으로써 미국 대도시 젊은 층을 사로잡았다. 또한 창고나 카페·백화점 물품 창고 등 도심의 빈 공간을 활용한다는 점에서 사회비용 문제와 개인의 주거 공간 문제를 동시에 해결하는 효과적인 대안을 제시했다.

코로나19, 늘어나는 공실은 어떻게 돈이 되는가

앞서 부동산 업계의 주목할 만한 플랫폼들과 비즈니스 모델을 살펴보기는 했지만, 2020년 초부터 불거진 코로나19로 전 세계에 초비상이 걸리면서 부동산 업계에도 빨간불이 들어온 것은 사실이다. 코로나19가 길어지면서 경기 불황이 극심해지고 바이러스 감염 확산을 막고자 국내외 여행이 전면 금지되는 것은 물론 국내 사회적 거리두기가 시행되면서 여행업과 숙박업이 직격탄을 맞았다. 혁신적인 부동산 비즈니스 모델을 선보였던 에어비앤비와 같은 서비스를 제공하는 업체나 셰어 하우스, 공유 주방처럼 여러 사람이 공간을 나눠 쓰게끔 서비스를 제공한 업체들도 그 피해가 막심하다.

회사들은 긴축 정책 및 재택근무에 들어갔고, 비대면 중심의 온라인 소비가 급격하게 늘어나면서 매장을 가진 상가나 오피스 임대업 또한 피해를 입었다. 손님이 없어 임대료 내기도 힘들다는 자영업자, 소규모 기업들의 앓는 목소리가 곳곳에서 쏟아져 나오면서 임대료 비싸기로 유명한 광화문, 종로, 강남, 홍대 등 주요 상권 일대의 공실률은 이전보다 훨씬 늘어났다. 이면도로는 물론 대로변 상가 건물마다 '임대 문의'가 써진 현수막이 걸렸다. 한창 상황이 안 좋았을 때에는 상인들을 돕고자 건물주들이 임대료를 낮춰주기도 했으나, 일시적인 방편일 뿐 궁극적인 해결책이 되어주진 못했다.

그러나 코로나19 이전으로 돌아갈 수 없고 포스트 코로나 시대를 준비해야 한다는 말처럼 그동안 대면 방식으로 상가나 오피스를 제공하고 임대수익을 받던 사람들은 이제 이 공간을 어떤 식으로 제공하고 수익을 얻을 것인지 고민해야 한다. 비워두면 비용만 나갈 테고 임대료를 낮추는 것은 장기적으로 봤을 때 건물의 가치를 떨어뜨리는 것이므로 결국 더 큰 손해가 될 것이다.

한 가지 긍정적인 소식은 앞에서도 이야기했지만, 비대면 소비 시대라 할지라도 다양한 오프라인 공간에 대한 사람들의 수요가 분명히 있다는 것이다. 코로나19로 인해 사람들의 모임이 현저히 줄기는 했지만 재택근무를 하는 사람들이 늘면서 업무·생활 공간을 분리해주는 좀 더 유연하고 다양한 형태의 오피스에 대한 수요가 늘었다. 또 불특정 다수가 모이는 공간을 피해 소규모로 모일 수 있는 안전하고 사적인 공간에 대한 수요 역시 더 늘어나고 있다. 코로나19가 완화되고 집합 금지 명령이 해지되고 났을 때를 대비해 빈 공간을 이런 새로운 수요를 충족할 공간으로 탈바꿈하려는 시도가 필요하다. 그렇게 되면 새로운 수익구조를 만들어낼 수 있을 것이다.

돈이 되는 부동산 금융 사이트

1. 금융감독원 전자공시시스템   dart.fss.or.kr

코스피·코스닥 등 상장된 주식회사부터 비상장 주식회사까지 다양한 회사들이 회사의 경영 상태에 대한 공시를 금융감독원 전자공시시스템에 한다. 리츠도 회사이기 때문에 공모 리츠의 경우 주요 사항을 여기에 공시하는데, 여기에서 투자하려는 리츠를 검색하면 구체적으로 어떤 부동산 자산이 편입되어 있는지, 그 부동산에 어떤 임차인을 받았는지, 배당의 주기와 배당금액은 어떻게 되는지 등에 대해 알 수 있다.

2. 국토교통부 리츠정보시스템   reits.molit.go.kr

'리츠정보시스템'에서는 공모 리츠뿐 아니라 국토교통부의 인가를 받는 모든 리츠(제한된 투자자를 받는 사모 리츠와 정책 자금이 투입되는 정책 리츠, 공공 리츠 등)의 경영 및 공시 정보를 찾을 수 있다. 특정 리츠가 어떤 자산관리회사에 의해 운용되는지, 어떤 종류의 부동산에 투자하는지, 조만간 공모에 들어갈 것인지 등도 확인할 수 있다. 리츠가 투자한 부동산 자산을 지도에 표시해놓고 찾아볼 수 있도록 한 '투자부동산 GIS' 탭이 특히 유용한데, 면적과 취득금액, 취득일자, 임대일자, 연간 총임대료 등을 볼 수 있어 투자 여부를 판단할 때 요긴하게 쓸 수 있다.

3. 미드레이트 '보라' midrate.co.kr/bora

P2P 상품의 경우, 테라펀딩이나 어니스트펀드 등 플랫폼 회사의 홈페이지에서 각각의 상품에 대한 정보를 얻는 경우가 많다. 이 경우 투자 대상 부동산과 투자수익률, 상품의 위험등급 등만 이야기할 뿐, 개별 업체의 연체율이나 부도율을 구체적으로 알려주지는 않는다. P2P 금융사 중 하나인 '미드레이트'는 P2P 금융사 116개사(2021년 2월 기준)의 정보를 모아 통합해 보여주는데, 누적대출액과 대출잔액, 상환원금뿐 아니라 상환율과 연체율, 부실률, 수익률을 회사별로 비교해 보여준다. P2P 금융사들의 모임인 한국P2P금융협회가 운영하던 자율공시 페이지가 온라인투자연계금융업법(온투법) 시행에 따른 '온라인투자연계금융협회' 발족 준비로 문을 닫으면서 관련 정보를 확인하려면 '보라' 서비스를 이용할 수밖에 없게 됐다. 데일리펀딩의 'P2P NOW'도 비슷한 정보를 제공한다. 2021년 중 온라인투자연계금융협회가 출범하면 그 사이트를 통해 더 공식적인 정보를 확인할 수 있을 것이다.

4. P&P '부동산 금융 전문가 네트워크' cafe.naver.com/grefi

2008년 개설된 국내 최대 부동산 금융 전문가 네이버 카페로, 회원 수가 3만 명이 넘는다. 주로 부동산 금융 분야로의 진입하거나 커리어 관리 및 네트워킹을 위해 만들어져 채용공고 정보가 많지만, 부동산 금융 뉴스나 부동산 트렌드, JLL, 새빌스, 에비슨영 등 국내 상업용 부동산 리서치 회사들의 보고서나 해외 부동산 개발 및 리서치 정보 등도 함께 볼 수 있다.

5장.

서류나 중개인 없는
간편해진 부동산 거래

부동산 거래를 좀 더 쉽게 하는 방법은 없을까. 마트에서 물건의
바코드만 찍으면 돈 내고 끝나는 식으로 말이다. 하지만 그런 일은
요원해 보인다. 부동산 자산 규모가 워낙 크다 보니, 거래할 때 복
잡한 과정이 뒤따라온다. 원칙적으로는 부동산을 구하는 사람과 내
놓는 사람만 있으면 성립되지만, 실제 상황은 그렇지 않다. 월세 정
도야 물건을 구해주는 공인중개사만 있으면 되지만 비싸고 법적으
로 이것저것 따져보아야 하는 복잡한 물건의 경우 변호사, 법무사,
세무사 등 전문가가 필요하다. 더군다나 요새는 빚 없이 집 구하는
사람이 없을 정도로 대출도 많아 금융 담당자의 역할도 중요해졌
다. 구하려는 물건이 아파트처럼 비슷한 거래 사례가 많다면 쉽게
대출이 나오지만, 그렇지 않다면 담보 가치를 감정하는 감정평가

부동산을 180도 바꿔놓은 프롭테크

사도 필요해진다. 혹시라도 정부 지원금을 받아야 할 경우, 정부 및 공공기관의 심사를 받아야 하는데 이 경우 제출해야 하는 서류는 기하급수적으로 늘어난다. 이처럼 거래하려는 부동산의 규모가 크면 클수록 많은 이들의 도움이 필요하고 서류 제출 등 과정은 더욱 복잡해진다. 이런 복잡한 거래 과정 역시 부동산 업계가 가지고 있던 고질적인 문제 중 하나다.

프롭테크 기업들은 이 문제 역시 해결해 사람들을 좀 더 쉽게 부동산에 접근하게 하여 시장을 넓히고 있다. 가령 부동산 거래 과정에 개입해 거래자를 대신해서 처리해주는 솔루션을 만들거나, 직접 왔다 갔다 하지 않아도 온라인상에서 거래할 수 있도록 해 시간을 절약해준다. 반복적으로 사용되는 문서나 양식을 미리 떼어놓거나, 클릭 몇 번으로 쉽게 확인할 수 있도록 하는 것도 프롭테크 기술이다. 덕분에 거래하는 사람들은 은행, 등기소, 법원 등을 직접 다녀야 하는 수고로움을 덜 수 있게 되었다.

앞서 발품을 팔지 않고도 부동산 매물 정보를 손쉽게 얻는 방법을 소개했는데, 그건 부동산 거래 과정의 일부에 불과하다. 이번 장에서는 부동산 거래 과정 전체를 좀 더 간단하고 빨리 처리하는 방법을 소개해볼까 한다. 거래를 앞두고 있거나 미리 알아보고자 하는 사람들이라면 눈을 크게 뜨고 이번 장을 살펴보길 바란다.

계약 전후 절차만 수십 가지?

부동산을 거래할 때 우리가 얼마나 발품을 팔며 크고 작은 여러 과정을 겪어야 했는지 떠올려보라. 계약 전 준비절차만 해도 챙겨야 할 것이 한두 개가 아니다. 일단 부동산 중개 업체를 선정하고, 공인중개사와 함께 여러 곳을 직접 돌아다녀 보고 여러 매물의 가격을 따져본 다음 부동산을 선정한다. 여기서 끝이 아니다. 매물을 알아보는 사이사이에 필요한 자금을 준비해야 하고, 부동산에 문제는 없는지 등기부등본과 건축물대장 등 여러 공문서를 확인해야 한다.

또한 자금이 충분치 않다면 대출의 종류와 대출 기준을 살펴보고 적절한 대출 방식도 택해야 하는데, 이것만 해도 만만치가 않다. 일단 내가 빌릴 수 있는 돈이 얼만지 알기도 쉽지 않고, 나에게 맞는 금리 혜택은 뭔지, 어떻게 하면 더 많은 우대금리를 받을 수 있는지도 따져보아야 하는데 금융 전문가가 아니니 당연히 쉬울 리 없다. 주거복지 정책이 고도화되면서 정부가 사회적 약자나 신혼부부, 청년 등에게 청약이나 임대주택 혜택을 주고 있지만, 자신이 그 조건에 해당하는지 알려면 역시 이런저런 조건을 상세히 따져보아야 한다.

매매계약을 결정하고 난 후에도 할 것이 많다. 근저당권이나 질권, 유치권 등 권리 행사에 제한이 되는 권리관계가 있는지 다시 한번 확인해야 하고, 계약서도 형식에 맞춰 써야 한다. 계약금을 냈더라도 중도금과 잔금도 내야 한다. 통상적으로 계약금을 부동산 총

거래 금액의 10%, 중도금을 30~40%, 잔금을 50~60%로 책정하지만, 혹시나 이를 조정하고 싶다면 계약 조건을 다시 조율해야 하는 절차가 필요하다.

돈까지 냈다면 얼추 끝난 것 같지만, 매매계약이 완료돼도 해야 할 일들이 남아 있다. 소유권 이전 등기가 그 첫 번째일 것인데, 등기소에 직접 가서 서류를 작성하고 할 수도 있지만, 대부분 따로 비용을 내고 처리한다. 사고팔아야 하는 국민주택채권도 있고, 서류를 작성하는 일도 쉽지 않아서다.

또 부동산 거래 사실을 신고해야 하고, 나중에는 세금도 내야 한다. 매도인이라면 양도소득세와 지방소득세, 농어촌특별세를, 매수인은 취득세와 인지세, 농어촌특별세, 지방교육세 등을 내야 하는데, 어떤 세금을 얼마나 내야 하는지는 정해져 있지만, 전문가가 아니라면 처음부터 알기 어렵다. 그래서 주로 거래하는 공인중개사가 세무사와 법무사, 변호사 등을 끼고 거래하면서 알려주는 경우가 많다.

매매계약이 끝나고 집을 옮길 때도 절차가 필요한데, 매수자는 매수한 주택으로 거주지를 이동하고 전입신고를 해야 한다. 또 짐을 싸고 옮기는 물리적인 이사 과정도 필연적이다.

상가나 사무실 등 상업용 부동산을 다룰 때는 어떨까. 주변 유동인구나 상권 규모, 경쟁 업종 등 입지를 확인해야 하는 과정이 추가된다. 물류 창고나 공장 등의 경우 그 목적에 맞는 분석을 또 해야 하는데, 이 역시 만만치가 않다.

부동산 거래 과정을 길다면 길게, 짧다면 짧게 소개했는데 부동산 특성에 따라 조금 달라질 수는 있지만, 부동산 매매계약을 할 때 반드시 거쳐야 하는 필수 과정들이다. 생각만 해도 피로하지만, 너무 걱정할 것은 없다. 프롭테크가 이 복잡한 과정을 간단하고 편리하게 바꿔주고 있으니 말이다.

세계 최초 '부동산 전자계약 시스템'

최근 정부가 부동산을 계약할 때 당사자들이 서로 만나지 않고도 전자 문서를 통해 온라인으로 계약할 수 있는 '부동산 전자계약 시스템'을 도입해 운영하고 있다. 부동산 전자계약 시스템은 2016년 정부가 '세계 최초'로 개발한 것으로, 173억 원을 들여 2018년 8월부터 전국으로 확대해 시행하고 있다.

이 시스템은 쉽게 말해 종이 계약서를 주고받지 않고 전자 문서로 계약서를 작성하는 것인데, 형식은 기존의 부동산 중개 계약서와 같다. 매수자와 매도자 또는 임대인과 임차인이 각자의 계약 조건에 맞게 계약서를 선택하고, 중개대상물 확인서의 '기본 사항'과 '세부 사항'을 작성한다. 그러고 나서 구체적인 특약을 포함하는 계약 내용을 상세히 쓴다. 이건 주로 부동산 중개인들이 작성해서 주는 경우가 많고, 여기까지 끝내면 전자 문서를 생성한다.

부동산 전자계약 애플리케이션에서 로그인한 다음 당사자들의 전자서명을 받아야 하는데, 그전에 중개사가 전자계약 시스템에 회원가입을 해놓고, 거래에 필요한 사항들을 미리 확인해 준비해놓는다. 중개사가 휴대전화로 본인 인증 메시지를 보내면, 거래 당사자들은 자신의 휴대전화로 인증절차를 거쳐 자신이 이 거래의 당사자임을 인증한다. 이중으로 확인하려면 거래 당사자의 신분증이나 지문 서명을 추가 선택해 받을 수 있다. 전자상으로 중개대상물 확인설명서와 계약서를 확인하면 거래 당사자들이 전자서명을 하고 저장한다. 양쪽 거래자의 서명을 모두 받으면 공인중개사도 이 계약이 적법하게 이뤄졌다는 확정 서명을 한다. 서명이 끝나면 부동산 거래 전자계약이 최종 완료되며, 종이 계약서를 주고받듯이 이를 컴퓨터나 태블릿 PC 등으로 주고받을 수 있다.

전자계약을 하면 일단 휴대전화로 본인 인증을 하고 지문으로 서명하기 때문에 거래 당사자의 신원이나 문서의 진위 여부가 잘못될 일이 없다는 장점이 있다. 실제 부동산 거래를 하다 보면 거래 당사자가 자신의 신분을 위장하거나 문서·도장을 속이는 등 사기 위험이 있는데, 전자계약 시스템을 이용하면 이런 사고를 방지할 수 있는 셈이다.

그러나 2021년 기준으로 도입된 지 5년, 전국으로 확대해 시행한 지 3년가량 지났지만, 아직 전자계약 이용률은 전체 거래의 0.3% 수준으로 극히 낮다. 한국토지주택공사나 서울주택공사 등 공공주체가 공급하는 공공주택의 경우 전자계약서를 쓰는 경우가 많지만, 이용률만 놓고 보면 거의 쓰는 사람이 없다고 볼 수 있다. 왜 그럴까.

여러 이유가 있겠지만, 일단 큰돈이 오가고 당사자 사이에 신뢰도 필요해서인지 얼굴을 보고, 도장도 직접 찍고 계약서를 손에 쥐어야 비로소 계약한 것 같다는 인식이 강한 탓이 크다. 또 대면해서 부동산 거래를 할 때 매수인이 대출을 더 받거나 나중에 양도세를 줄이려고 가격을 실제 거래 가격보다 높게 써서 계약하거나(업 계약), 매도인이 세금을 덜 내려고 가격을 낮게 써서 거래하는(다운 계약) 등 불법 조항을 넣거나 임차인이 월세 세액공제를 신청하면 안 된다는 탈법 조항들을 계약서 특약 사항에 넣는 일이 종종 일어나고는 하는데, 이를 전자계약으로 바꿀 경우 불법 조항에 관한 부분들을 정부가 확인하지 않을까 거부감이 들 수 있다. 중개사 입장에서 전자계약이 활성화되면 막연히 자신들의 역할이 줄어들지 않을까 이를 잘 권장하지도 않았다.

그렇지만 코로나19로 비대면 거래가 일상화되면서 상황이 바뀌었다. 코로나가 기승을 부리던 2020년 2월, 전국의 민간 부동산 전자계약 체결 건수가 1,542건으로 전월 대비 5.6배나 늘어나며 역대 최대치를 기록한 것이다. 온라인 부동산 카페에 올라온 반응을 보면 "전자계약으로 하면 모바일 뱅킹으로 중도금과 잔금도 치를 수 있어 못 할 이유가 없다." "막상 해보니 편하고 안심된다."라는 긍정적인 이야기도 있었다.

물론 비대면이 유행하며 전자계약 건수가 조금 늘었다고 해서 갑자기 부동산 전자계약의 확산세가 빨라지는 것은 아니다. 아직까지 부동산 주 거래층이 5060세대인데, 전자계약에 익숙하지 않은 탓도 있고, 이 계약 시스템을 가장 많이 이용할 공인중개사들의 '마음의 벽'이 허물어지지 않은 것도 있다.

다만 먼 지역의 부동산을 거래하거나 그 밖에 계약서를 직접 쓰러 오기가 어려운 특수한 상황 등이 늘어나면 전자계약의 장점은 더욱 부각될 수밖에 없을 것이고, 그 편리함에 익숙해지는 사람이 많아질수록 전자계약의 확산세는 더욱 빨라질 것이다.

정부는 전자계약 확산을 위해 나름대로 사용자들에게 많은 혜택을 주고 있다. 실거래 신고를 따로 하지 않아도 자동으로 신고할 수 있게끔 하고, 주택 임대차 계약을 할 때 확정일자 신고를 자동으로 해줘 굳이 임차인이 주민센터를 직접 방문하거나 인터넷으로 전입신고를 하는 수고를 덜 수 있게 했다. 계약에 앞서 확인해야 하는 건축물대장, 토지대장 등도 따로 뗄 필요가 없다(국토부 사업이라 그런지, 대법원 관할인 등기부등본 발급까지는 따로 제공하지 않는다). 전세권 설정이나 소유권 이전 등 등기가 필요한 경우 등기 수수료를 30% 할인해주기도 하고, 매수자에게 금리 혜택도 준다. 2020년 초 기준, 전자계약 시스템으로 부동산 거래를 하는 경우 시중은행의 주택구입자금 대출 만기일까지 최대 0.2%포인트 금리를 깎아준다.

일부 은행은 주택뿐만 아니라 상가·오피스텔도 우대 혜택을 준다. 가령 1억 원을 연 3% 이자로 대출받고, 우대금리 0.2%를 적용받게 되면 연간 20만 원, 한 달에 2만 원 정도 절약할 수 있다.

블록체인으로 서류 없이 거래한다

앞선 전자계약 방식이 종이 계약서를 디지털화한 것에 불과하다면, 완전히 서류 없이 부동산을 거래하는 날도 기대해볼 수 있을 듯하다. 정부가 블록체인을 통해 서류 없이 부동산 거래하는 세상을 그리고 있기 때문이다. 2020년 6월 국토교통부는 2024년까지 '블록체인 기반 부동산 거래 플랫폼'을 구축한다고 밝혔다. 기존에 종이로 제출하던 부동산 서류들을 블록체인에 올려 거래할 때 클릭 몇 번만으로 실시간 처리할 수 있게 만드는 것이 골자다.

이렇게 되면 훨씬 빠르고 간편하게 부동산 거래를 할 수 있게 된다. 현재 부동산을 거래하는 방식을 보면 일단 물건을 확인하고 계약을 체결하는데 상황에 따라 대출 신청, 등기 변경 같은 과정이 필요하다. 이때 거래 단계마다 공인중개사와 은행, 법무사 등의 자문이 필요하고, 필요한 서류를 발급받아 제출해야 하는 복잡하고 번거로운 과정이 존재한다.

예를 들어 주택담보대출을 받아 아파트를 사려면 아파트에 관한 등기사항전부증명서, 토지대장, 집합건축물대장 등을 떼야 하고, 대출 신청을 받으려면 주민등록등·초본, 가족관계증명서 등 신원 확인 서류와 재직증명서, 갑근세원천징수확인서 등 소득증명 서류, 담보 물건에 대한 등기사항전부증명서를 은행에 또 제출해야 한다.

이뿐만 아니다. 거래가 끝나고 소유권 이전을 하려면 법무사에게 위임해 또다시 주민등록등·초본 등 신원 확인 서류, 토지대장, 집합건축물대장을 다시 발급받아 부동산 거래 계약 신고필증과 함께 등기소에 제출해야 한다. 한꺼번에 다 떼면 안 되냐 할 수도 있지만, 서류별 유효 기간이 한 달 정도다. 대출 잔액 등을 확인하려고 최초로 은행에 방문했을 때와 실제 거래일, 잔금 때문에 은행 대출을 받는 시점과 잔금을 치르고 소유권 등기를 진행할 때 시점이 한 달 이상 차이가 나면 그때마다 서류를 다시 발급받아야 한다. 이런 번거롭고 복잡한 과정을 블록체인을 이용한 부동산 거래 플랫폼으로 간편하게 해결할 수 있게 되는 셈이다.

그뿐만이 아니다. 종이 서류를 발급받아 왔다 갔다 하며 거래할 경우 문서가 위조될 가능성이 커져 부동산 거래 사고가 발생하기도 한다. 국토부 관계자는 "부동산 서류가 종이 문서로 유통되면서 거래 과정에서 공문서 위·변조 등이 일어나 부동산 범죄가 발생한다."라며 플랫폼 도입 배경을 설명하기도 했다. 실제로 블록체인 기반 부동산공부시스템 도입 결정 전 2011~2017년 7년간 공문서 위·변조 범죄는 총 2만 1,106건으로, 연간 평균 3,000여 건씩 발생했다.

국토부는 이 시스템을 도입하기 위해 2020년 6월 블록체인 기반 부동산 거래 플랫폼 구축을 위한 정보화전략계획 사업에 착수했다. 플랫폼 구축이 끝나면 부동산을 거래할 때 서류를 따로 발급받지 않아도 플랫폼에서 거래하려는 물건에 대한 공문서를 실시간으로 확인하고 검증할 수 있게 된다. 은행도 플랫폼 안에 들어가 있어, 대출을 받기 위해 각종 서류를 제출해야 하는 수고도 덜 수 있다. 국토교통부는 부동산을 거래할 때 필요한 서류 18종을 한꺼번에 모아놓은 부동산종합공부시스템(일사편리)의 부동산공부를 블록체인 위에 올려 저장 및 공유하도록 하는 방안을 우선 마련할 예정이다. 이렇게 되면 '비대면 부동산 거래 서비스'의 큰 그림이 어느 정도 완성될 것으로 보인다.

이 시스템을 구축하는 회사는 블록체인 기업 블로코Blocko다. 블로코는 국내에서 블록체인 개발 사례가 가장 많은 회사로, 여기에서 만든 블록체인 개발 플랫폼 '코인스택'은 한국거래소와 삼성, 현대, 포스코, LG, 신한은행, 롯데카드 등 많은 대기업과 금융권에서 사용하고 있다. 2014년 설립돼 삼성벤처투자와 포스코기술투자, 신한은행, 하나은행 등으로부터 235억 원이 넘는 투자를 받았으며, 부동산과 관련해서는 정부의 부동산 블록체인 플랫폼 사업을 딴 이력이 있다. 2020년 8월에는 부동산 종합서비스 업체인 리얼티뱅크와 함께 부동산 블록체인 플랫폼을 만든다고 발표하기도 했다.

블로코가 개발하는 블록체인 기반 전자계약 솔루션 '인스트싸인'

은 계약 내용을 데이터로 만들어 블록체인에 저장해 위·변조를 방지한다. 기존 전자계약 솔루션이 문서 전체를 이미지로 변환하는 데 그쳤다면, 블로코의 솔루션은 글씨를 인식해 데이터화하고 이를 빅데이터화시켜 세부 계약 내용을 분석하고 활용할 수 있다.

두 회사는 부동산 담보대출 관련 필수 요건을 분석하고 평가하는 데에 스마트 전자계약을 적용할 계획이다. 이렇게 되면 서류를 제출하던 과정이 간소화되고 서류 발급 시점과 계약 시점의 차이가 나던 문제를 해소할 수 있다. 금융권과도 연계해 부동산 평가부터 대출 심사, 대출 관리까지 플랫폼에서 한꺼번에 처리하는 솔루션을 개발할 계획도 가지고 있어, 서류 없이 손쉽게 부동산을 거래할 수 있는 날이 더욱 빨리 다가올 것으로 보인다.

"심사 후 하루 만에?" 더 빨라진 주택담보대출

부동산을 거래할 때 가장 중요한 것이 예산이다. 어디에 어떤 물건을 구할 수 있는지를 결정하는 가장 중요한 요소이기 때문이다. 기준금리 0%대라는 초저금리 시대에 사는 우리에게 대출은 이제 부동산 거래에서 빠지지 않는 필수 요소가 되었다. 나에게 유리한 조건의 대출 상품이 무엇인지, 나의 대출 한도는 얼마나 되는지, 언제까지 받을 수 있는지를 확인하는 것 역시 부동산 거래 과정 중 반드시 거쳐야 할 과정이 되었다.

하지만 은행을 직접 찾지 않는 이상, 이런 내용을 알기가 쉽지 않다. 은행에 가도 재직증명서와 소득 증빙서류, 원하는 부동산 주소와 등기부등본, 계약서까지 있어야 정확한 한도를 알 수 있다. 가능한 정확한 한도와 이자율을 알아야 이를 고려해 집을 고를 텐데, 집을 골라와야 정보를 알려준다니 대출받는 사람에게는 꽤 난감한 일이다.

물론 거래되는 돈이 크고 그만큼 위험 부담이 커서 정확한 정보를 바탕으로 담보 가치와 개인의 신용도를 평가해 고지해야 한다는 것은 이해가 간다. 하지만 그렇다 하더라도 빌리기 전에 대략 빌릴 수 있는 돈이 얼마인지, 어느 정도의 이자율로 빌릴 수 있는지 알면 얼마나 좋을까. 그것만 알고 대출 상품별로 비교하더라도 훨씬 도움이 될 텐데 말이다.

이런 사람들의 수요는 계속 존재해왔고, 많은 은행과 핀테크 기업들이 이러한 수요에 맞춰 이른바 '대출 계산기'를 만든 까닭도 그때문일 것이다. 따라서 은행을 찾지 않고, 간단한 정보만 넣어도 비대면으로 대출 한도와 대출 금리를 알 수 있게 하려는 노력은 앞으로도 계속될 것이다.

은행이나 테크 기업이 제공하는 대출 계산기도 유용하기는 하지만, 아직은 대출금액을 정해놓고 금리와 상환 기간 및 거치 기간, 상환방법에 따라 총 상환금액과 월 상환금액이 각각 어떻게 되는지 알려주는 '단순한' 계산기에 불과하다. 가령 4,720만 원의 대출금을 30년 동안 갚는데 연이자율이 3.5%이고, 원리금균등상환방식으로 갚는다고 했을 때, 대출원금은 4,720만 원, 총대출이자는 2,910만 1,673원, 총상환금액은 7,630만 1,673원이고, 1회차 상환금액은 21만 1,949원이 나온다고 알려주는 식이다. 물론 유용한 정보이기는 하나 은행별로 어떤 대출 상품이 있는지, 그 상품들 중 나에게 유리한 것은 무엇인지 비교하거나 내 대출 한도가 얼마인지까지는 알 수 없다.

핀테크 기업인 '뱅크샐러드'와 '핀다FINDA'가 대출 비교 서비스를 열심히 개발하고 있기는 하지만, 아직까지 실제 받을 수 있는 시중 대출을 모두 확인해서 정확한 정보를 전달해주는 데에는 아쉬움이 따른다. 2020년 8월 기준, 뱅크샐러드를 이용해 필요한 대출금액과 신용등급, 현재 직업, 연 소득을 입력해봤더니 직업과 상관없이 예상 연 금리 12%대의 신용대출 상품을 안내했다. 사람에 따라 다르지만, 신용대출이나 전세대출 및 주택담보대출 금리가 2~3%까지 내려와 있는 상황에서 실제 받을 수 있는 대출 상품과는 거리가 꽤 멀었다.

핀다의 경우 대출자의 목적에 대해 좀 더 상세히 묻고 여러 대출 상품을 비교해서 보여주지만, 그 역시 정확한 정보인지는 미지수다. 가령 이런 식이다. 핀다의 대출 목적 항목을 보면 생활비나 전월세보증금, 주택 구입, 자동차 구입, 투자, 대환대출, 사업자금, 기타인지 상세히 묻는다. 대출 희망 금액을 입력하면 이름과 주민등록번호, 휴대전화 번호, 소득 및 고용 구분 등 개인정보도 구체적으로 묻고 직장까지 확인한다. 이를 통해 받게 되는 실제 결과를 보면 핀다와 제휴된 BNK경남은행, SBI저축은행 등 15개 업체의 상품을 한눈에 볼 수 있어 그 한도나 금리가 은행 상담 결과와 유사하다는 점에서 꽤 상세한 듯하다. 그러나 그 정보가 100% 정확하다고 보기는 어렵다. 시중은행 대출까지 비교하진 않기 때문이다.

주택담보대출 한도 알려주는 '핀마트', '뱅크아이'

실제 주택담보대출과 전세자금대출의 최대한도를 여러 금융사에서 알아보고 싶다면 '핀마트Finmart'와 '뱅크아이Bank-i'라는 서비스가 꽤 괜찮아 보인다. 여러 은행의 금리를 다양하게 비교해주기 때문이다. 주택담보대출의 경우 지역마다 담보인정비율Loan to Value Ratio, 줄여서 LTV라고 하며, 주택의 담보 가치에 따른 대출금의 비율을 의미이 다르고, 은행마다 담보 가치를 어떻게 보는지, 영업을 어떻게 하는지 등에 따라 금리가 달라질 수 있는데, 이 서비스들은 아파트 단지 및 평형을 선택하면 금융기관별로 금리와 한도를 대략 알려준다.

은행권, 캐피탈, 저축은행, 보험사 등 30여 개 금융사의 다양한 옵션을 확인할 수 있고, 기존에 대출이 없는 선순위 상품과 물건에 이미 대출이 있어 추가 대출을 받으려는 후순위 상품도 따로 구분해서 보여준다. 아파트 담보대출뿐만 아니라 아파트 분양·매매 잔금 대출, 빌라·일반 부동산 담보대출, 전세자금대출 등도 볼 수 있다. 특히 핀마트는 2019년 5월 대출 비교 서비스로 금융위 혁신금융서비스(규제 샌드박스)에 지정됐다. 금리 혜택 때문에 사람들이 대출을 받을 때 주거래은행을 많이 찾지만, 앞으로 이런 서비스가 활성화되면 물건을 쇼핑하듯 대출 상품도 서로 비교하고 한도와 이율을 더 잘 쳐주는 곳을 찾아 대출을 받는 경우가 늘어날 것이다.

카카오페이도 2020년 6월 대출 한도·금리 비교 서비스를 내놓고 카카오톡 내에서 30여 개 금융기관의 대출을 비교할 수 있도록 해준다. 2021년 초 기준으로 아직 주택담보대출은 비교할 수 없고 주로 신용대출 중심으로 비교할 수 있으며, 전세대출 비교 서비스도 제공하고 있다.

기존 은행과 차별화된 퀴큰 론즈의 핵심 전략

프롭테크의 나라 미국에서는 이미 많은 부동산 핀테크 기업들이 부동산 대출 시장을 차지하기 위해 열을 내고 있다. 미국도 우리나라와 마찬가지로 주택담보대출을 끼고 집을 사는 것이 일반적인데, 특히 2008년 글로벌 금융위기 이후 부동산 대출 과정을 디지털화하려는 움직임들이 빠르게 나타났다.

오랜 기간 팩스와 우편으로 주고받았던 각종 서류를 디지털 문서로 변환하는 데 성공한 디지털 모기지 기업들은 시장에서 기존 은행들을 밀어내고 빠르게 시장을 차지했다. 〈워싱턴포스트〉에 따르면 2011년 미국 신규 주택담보대출 금액의 절반 가까이가 웰스파고와 뱅크오브아메리카, JP모건체이스 등 3대 주요 은행에서 나왔는데, 2016년에는 이 은행들의 신규 주택담보대출 규모가 21%까지 떨어졌다. 전체 시장점유율의 25%가량을 차지한 건 모바일 애플리케이션과 빠른 심사 등을 무기로 삼은 비은행 모기지 업체들이었다.

2019년 말 기준 신규 및 리파이낸싱 모기지 대출 시장 1위는 퀴큰 론즈Quicken Loans다. 이 회사는 기존 은행들과 달리 인터넷과 모바일을 이용해 '빠른 주택담보대출'을 무기로 시장을 넓혀나갔다. 특히 2015년에는 '로켓 모기지Rocket Mortgage' 회사를 만들어 온라인·모바일 대출 애플리케이션을 만들고 종이 서류와 신원 인증 절차 등을 간소화했다. 승인 시간을 분 단위로 하고, 이자율을 단순화했다. 이들은 출시 이듬해 2016년 미국 스포츠 최대 행사 중 하나인 슈퍼볼Super Bowl 광고에 다음과 같은 광고 문구를 내보냈다. "인터넷으로 음악도 사고 비행기 티켓도 사고 신발도 사는데, 왜 주택담보대출은 안 돼?"

퀴큰 론즈의 전략은 다른 디지털 혁신 기업들이 그랬듯 '고객 경험을 극대화'하는 것이었다. 로켓 모기지 관계자는 "사용자 경험과 관련해 소비자가 이 서비스를 이용하는 목적이 뭔지 빨리 파악하는 것이 중요했다. 로켓 모기지는 고객에게 이걸 직접 물어서 그들의 시간을 빼앗지 않고 기존에 활용할 수 있는 데이터들을 이용했다. 온라인으로 주택자금을 대출해주려면 그들이 사려고 하는 부동산 물건이 무엇인지, 소득과 자산은 어느 정도인지, 신용등급은 얼마인지 알아야 한다. 우리는 기존 데이터로 미국에 있는 부동산 데이터 대부분을 확보하고, 은행 계좌 정보를 받아 빠르게 분석하고, 그 데이터로 자산과 소득이 어느 정도나 되는지 검증했다."라고 설명했다.

로켓 모기지는 이런 방식으로 신규 주택 구입자들과 밀레니얼 세대들의 호응을 얻어 빠르게 성장했다. 그 성장세 덕분인지 전체 신규 주택담보대출 시장에서 1위를 달성한 것은 물론, 2019년 연간 54만 건이 넘는 신규 대출을 일으켰다.

미국의 블렌드Blend라는 회사는 금융 회사의 서류를 디지털 문서로 변환하는데 주안점을 두고 있는데, 광학 문자 인식[16] 기술을 이용해 각종 서류를 자동으로 데이터화한다. 이를 통해 사람이 문서를 받고 컴퓨터에 수기로 입력하지 않아도, 기존 데이터를 디지털 문서로 저장할 수 있고, 대출 기관이 대출할 때 빠르고 효율적으로 정보를 주고받을 수 있다.

미국 금융기관들이 이토록 빠르게 주택담보대출을 디지털로 바꿀 수 있었던 배경은 무엇일까. 미국 시장조사 업체 CB 인사이트는

---

16 Optical Character Recognition. 문서를 사진으로 찍어 그 문서의 글씨들을 머신러닝을 통해 디지털 데이터로 전환하는 기술.

크게 3가지 이유를 꼽는다. 첫째로 비은행 금융사의 시장 참여로 주택담보대출 시장의 경쟁이 치열해졌다는 것, 둘째로 기존 플레이어들도 비용을 절감하고 과정을 간소화하려는 니즈가 있었다는 점, 마지막으로 저금리와 주택 가격 급등으로 인해 새로운 대출을 찾는 니즈가 폭발적으로 증가했다는 점이다.

미국 소비자금융보호국Consumer Financial Protection Bureau이 2008년 글로벌 금융위기 이후 은행들의 주택담보대출 규제를 강화하면서 준법 감시 및 내부 통제Compliance 비용이 증가했는데, 이에 주요 은행들이 모기지 대출 시장을 적극적으로 키우지 못하는 경향이 생겼다. 이 틈을 비집고 비은행 금융사들이 공격적으로 시장에 진입하면서 들고 온 무기가 '디지털'이었다. 여기에 기존 은행권에서도 비용을 절감하기 위해 인건비가 많이 드는 대면 대출보다는 비대면으로 대출을 일으키는 움직임에 동조했고, 이에 자동화 과정을 만들었다.

CB 인사이트에 따르면 미국에선 모기지 한 건을 일으키기 위해 인건비가 5,000달러나 들었다고 하는데, 이는 400쪽이나 되는 문서들을 25명이 달려들어 확인해야 했기 때문이다. 금융위기 이후 양적 완화로 주택 가격이 급등하면서 집을 사야 하는 사람들은 각종 정보 기술로 빨라진 대출 과정 덕에 집도 빨리 살 수 있었다. 디지털에 익숙한 밀레니얼 세대는 물론 소비자 대부분이 쉽게 쓸 수 있도록 개발된 디지털 모기지에 빠르게 반응했고, 공급자와 수요자가 모두 만족했기에 모기지 시장은 빠르게 디지털화될 수 있었다.

미국 소비자 신용 평가사 익스피리언Experian의 CIO 배리 리벤슨Barry Libenson은 "우리는 예전에 대출받으려면 50개나 되는 서류에 서명해야 했다. 소비자들은 이를 싫어한다. 편리하지 않기 때문이다."라고 말했다. 디지털 모기지 업체 신데오Sindeo의 대표 닉 스타모스Nick Stamos는 CB 인사이트와의 인터뷰에서 "밀레니얼 세대뿐 아니라 소비자 대부분이 디지털 모기지를 원하고 있었다."라고 상황을 설명했다.

한국의 부동산 대출도 이런 방향으로 진화하고 있다. 더 많은 금융사가 대출 절차를 간소화하고 비대면으로 서류 없이, 은행에 방문하지 않고, 더 빠르게 대출받을 수 있도록 기술 개발에 박차를 가하고 있다. 국내 1호 인터넷 전문 은행인 케이뱅크는 2020년 8월 새 상품인 '비대면 아파트 담보대출'을 출시했다. 주로 원래 있던 아파트 담보대출을 갈아타는 대환대출의 성격이 강하지만, 국내에서 출시된 완전 비대면 아파트 대출 상품으로는 거의 처음이다. 금리야 워낙 저금리라 1%대로 낮을 수밖에 없지만, 이 상품의 특징이자 장점은 대출 신청부터 대출금 입금까지 일체 은행 지점 방문 과정을 생략한다는 것이다. 최소 1~2번은 주민센터나 은행을 방문해야 했던 기존의 대출 절차가 간소화된 셈이다.

먼저 언급된 로켓 모기지와 마찬가지로 케이뱅크도 소득정보 스크래핑 기술을 통해 별다른 서류 발급 없이도 손쉽게 예상 대출 한도와 금리를 조회할 수 있다. 대출에 필요한 서류도 2년치 원천징수영수증이나 갑종근로소득세 원천징수확인서 둘 중 하나와 등기권리증 2가지만 있으면 된다. 서류는 은행을 방문하거나 팩스로 전송할 필요 없이 사진으로 촬영하거나 등기번호만 입력하면 된다. 원래 배우자나 세대원 동의 절차 과정이 있는데, 이 과정 역시 모바일로 처리할 수 있다.

은행권 최초 전자상환위임장을 도입해 갈아타기 대출에 필요했던 위임절차도 모두 모바일로 가능해졌다. 이에 따라 평균 2~3주 걸리던 대출 심사 기간이 빠르면 이틀 안에 끝난다. IBK기업은행과 페퍼저축은행도 영업점을 방문하지 않고 주택담보대출을 받을 수 있는 상품을 비슷한 시기에 내놨는데, IBK기업은행은 은행권 최초로 모든 과정을 비대면으로 진행하는 주택담보대출인 'i-ONE 소상공인 부동산 담보대출'을 출시했다. 두 금융사 모두 케이뱅크와 마찬가지로 스크래핑, 전자약정서, 전자등기 등의 기술을 활용한다.

부동산 없이 부동산 거래할 날이 올까?

"부동산 중개인 없이 부동산 거래할 날이 오는 걸까요? 부동산 중개수수료 안 내도 되는 건가요?" 프롭테크를 설명할 때 가장 많이 듣는 질문이다. 사실 지금도 부동산 중개인 없이 부동산을 거래할 수는 있다. 부동산 소유자와 구매자는 자신의 재산을 자유롭게 사고팔 수 있기 때문이다.

'피터팬의 좋은방 구하기(이하 피터팬)'가 이를 할 수 있는 대표적 플랫폼이다. 2004년 네이버 부동산 직거래 카페로 시작한 피터팬은 홈페이지와 애플리케이션을 내놓으면서 서비스를 확장했고, 2020년 기준으로 카페 회원 수가 270만 명이 넘는다. 수십만 원의 중개수수료가 부담되는 대학생이나 사회초년생들이 셋방을 찾기 위해 많이 이용하면서 회원 수가 급증했다.

그럼에도 불구하고 여전히 직거래나 이를 쉽게 할 수 있는 플랫폼을 찾는 것보다 중개인을 끼고 거래하는 경우가 압도적으로 많다. 왜 그럴까. 일단 현실적으로 사람들이 부동산 중개소를 찾는 것에 더 익숙하고, 부동산 거래는 큰돈이 오가고, 한번 거래했을 때 살거나 보유하는 시간이 길어서 행여나 발생할 수 있는 사고에 대해 거래자가 민감할 수밖에 없다.

가령 부동산 직거래를 할 경우, 소유자가 아닌데 소유자처럼 행동하며 사기를 치거나, 근저당권·가압류 등 권리관계 등을 알지 못하고 거래해 제대로 소유권을 넘겨받지 못하거나, 임대차 계약을 맺고도 나중에 보증금을 돌려받지 못하는 경우 등 당사자가 잘 알지 못하고 하면 문제가 되는 일이 많다. 이를 방지하기 위해 대리해서 검토해줄 중개인을 끼고 거래하는 것이다. 무엇보다 부동산 전문가인 중개사가 없으면 집 자체를 꼼꼼히 확인하지 못해 집에 하자가 있어도 제대로 확인하기가 어려워 수수료를 감내하고서라도 중개인을 두는 편을 택한다.

피터팬은 이 문제를 해결하고자 법무법인과 제휴해 AI 기술을 활용해 직거래 매물의 법적 권리를 분석·제공한다. 등기부에 권리관계를 제한하는 요소가 있는지, 건물 소유자와 대지 소유자가 같은지, 등기사항에 일치하지 않는 부분이 있는지, 공동명의자는 없는지 등을 자동으로 확인하는 기능을 일부 매물에 탑재했다.

혹시나 발생할 수 있는 부동산 거래 사고에 대비해 필요한 경우 권리보험도 들게 해놨다. 권리보험은 보증금 한도 내에서 발생하는 손해액을 보상받을 수 있는 보험이다. 그뿐만 아니라 피터팬은 정부가 도입한 전자계약 시스템에 블록체인 기술을 추가해 계약서의 신뢰성까지 확보했다.

단기간에 플랫폼이 중개인을 대신하지는 않겠지만, 이렇듯 기술이 발달함에 따라 점차 간단하고 가벼운 임대차 거래라면 부동산 중개소를 끼지 않고 하는 경우가 늘어날 것이다. 또 앞으로는 사진만으로 부동산 하자를 찾아내고 수도·전기·가스·난방 등 계량 정보를 통해 시설물 하자를 파악할 수 있는 기술도 개발될 것이므로, 부동산 중개인 없이도 부동산을 거래할 수 있는 날이 올 것이다.

정부가 제공하는 부동산 무료 정보

프롭테크 기업들이 제공하는 서비스는 정부가 무료로 제공하는 공공데이터 중 우리에게 유의미한 정보를 한눈에 보기 좋게 가공한 것이라 보면 된다. 따라서 공공데이터를 잘 살펴보면 원하는 정보를 발견할 수 있다. 다음은 부동산 기자로 일하며 많이 도움을 받았던 정보를 정리한 것이다.

원하는 항목별로 실거래가 확인하는 '국토부 실거래가 공개시스템'

국토부 실거래가 공개시스템은 부동산이 실제 거래된 가격을 보여주는 웹사이트이다. 일부 거래 당사자들이 단지에서 가장 높게 거래된 가격으로 다른 단지의 아파트 가격까지 동일하게 부르는 경우가 있는데, 실거래가 공개시스템을 알고 있으면 부동산 업자가 가격을 제시했을 때 이를 무기 삼아 "이 단지 가격은 한 달 전에 얼마에 팔렸던데요?"라고 아는 체해볼 수 있다. 부동산 실거래 가격 신고의무제도가 시행되면서 이 사이트에는 2006년 1월부터 거래가 신고된 주택 데이터들이 차곡차곡 쌓여 있다.[17] 아파트뿐만 아니라 연립·다세대, 단독·다가구, 오피스텔, 분양·입주권, 상

[17] 분양권은 2007년 6월 29일부터, 전월세는 2011년 1월부터다.

업·업무용, 토지 등 카테고리별로 거래 데이터를 확인할 수 있다.

이 사이트의 이점은 원하는 항목을 설정하면 해당 항목별로 데이터를 뽑아볼 수 있다는 것이다. '실거래가 자료 제공' 항목을 보면 최대 1년 단위로 설정해 해당 기간의 거래 내역을 스프레드시트로 뽑을 수 있다. 계약일자를 입력하면 실거래 가격 신고의무제도 시행 이후부터의 데이터를 뽑아볼 수 있고, 부동산 종류별, 매매·전세별로도 뽑아서 볼 수 있다. 특정 주소를 입력해 찾아볼 수도 있고, 일정 기간의 실거래가를 시·도 단위에서 시·군·구, 읍·면·동, 단지 단위까지 설정해 모두 뽑아볼 수 있다. 면적별로 구분해서 따로 뽑을 수도 있고, 금액 범위를 지정해 그 범위 내의 실거래 가격만 받아볼 수도 있다. 이 자료들을 차곡차곡 모아 편집하면 원하는 기간, 원하는 지역의 데이터, 장기간이나 여러 지역의 실거래가를 비교·분석할 수도 있다.

* 국토부 실거래가 공개시스템: rt.molit.go.kr

전국 땅값, 집값 얼마나 올랐는지 알고 싶다면 '부동산통계정보 R-ONE'

한국감정원[18]이 만든 부동산통계정보 사이트는 전국의 주택 가격이나 전체 공동주택 매매 실거래 가격 등 주로 거시적인 통계자료를 볼 수 있는

---

[18] 한국감정원은 2020년 12월부터 '한국부동산원'으로 이름을 바꾸었다. 설립 51년 만의 일이다. 2016년 한국감정원법이 제정되면서 민간과 경쟁하는 감정평가 수주 업무를 중단하고 부동산 가격 공시와 통계, 조사 등에 집중하게 되었는데 실질적으로 부동산 감정 업무를 하지 않게 되면서 이름이 바뀌었다.

곳이다. 개별 주택 가격에 관심 있다면 국토부 실거래가 사이트에서 찾아보면 되지만, 일정 기간, 특정 지역의 변화 추이를 확인하고 싶다면 부동산통계정보 사이트에서 찾아보는 것이 낫다. 2020년 7월 23일 김현미 전 국토교통부 장관이 "문재인 정부 들어 전국 집값이 11%, 서울 아파트값은 14% 올랐다."라고 발언한 근거 역시 한국감정원의 통계자료였다.

이 사이트는 전국의 땅값부터 전체 주택 가격 동향, 아파트·연립·다세대 실거래가 트렌드까지 기준가격(100)으로 환산해 추이를 보여줄 정도로 정리가 잘 되어 있다. 가령 한국감정원 전국 지가 변동률 조사 지가지수를 보면 2016년 12월 1일의 전국 지가를 100이라고 했을 때, 2008년의 전국 지가지수는 88.696, 2019년은 113.139로 환산해서 보여준다. 이외에도 연도별, 지역별, 용도지역별, 이용 상황별 등 설정한 항목에 따라 땅값을 확인할 수 있고, 월 단위, 분기 단위, 아파트의 경우 주 단위까지 나눠서 추이를 볼 수 있다.

그뿐 아니라 상가나 사무실 등 상업용 부동산의 임대료와 공실률 자료, 수익률 정보, 권리금 정보도 확인할 수 있다. 이 자료는 한국감정원에서만 구할 수 있는 정보다(주택 정보는 감정원 외에도 KB국민은행 시세를 참고하면 된다). 주요 상권별로 뽑아볼 수 있어, 사무실을 구하거나 상가를 구하려는 사람뿐만 아니라 부동산 관리PM, 자산 관리AM 기업 관계자들도 많이 참고하는 자료다.

이 밖에도 부동산 거래 현황과 주택공급 및 재고 현황, 미분양주택 현황 같은 자료도 함께 찾아볼 수 있다. 이외에도 지역별 아파트 분석과 우리 동네 공인중개사 검색, 아파트 가격 등을 찾아서 볼 수 있는 플랫폼인 '부동산 테크'를 자체 개발해 운영하고 있으며, 2020년 2월부터 금융결제원이 운영하던 주택 청약 시스템을 이관받아 '한국감정원 청약홈'을 운영하고 있다.

* 부동산통계정보 R-ONE: r-one.co.kr

부동산 관련 증명서를 한 번에 떼는 '일사편리'

일사편리는 부동산 관련 증명서를 한 번에 뗄 수 있는 사이트다. 토지대장과 건축물대장, 개별공시지가, 주택 가격, 지적도, 토지이용계획확인서 등 18종의 부동산 관련 서류를 열람하거나 발급받을 수 있다. 2014년 이전까지만 해도 부동산 거래에 필요한 증명서를 떼려면 종류별로 열람하고 증명서마다 수수료가 붙었으며, 직접 관련 부서를 방문해 서류를 떼야 했다. 하지만 일사편리 덕에 수수료는 물론 번거로운 절차를 줄일 수 있게 됐다.

가령 토지나 건축물 관련 증명서를 떼려면 한 통에 4,800원을 냈는데, 일사편리를 이용하면 최대 4,000원까지 절감할 수 있다. 부동산 소유자를 알려면 등기부등본을 떼야 하는데, 열람할 때나 발급받을 때마다 돈이 들다 보니 여간 귀찮은 일이 아니다. 법원 인터넷등기소에서 열람하면 한 통에 700원, 발급받으면 1,000원을 수수료로 내야 하는데 부동산을 여러 개 보려면 그 수만큼 열람하거나 떼야 하니 부담스럽다.

하지만 일사편리 사이트를 이용하면, 수수료 없이 등기부등본상 소유자를 확인할 수 있다. 부동산종합증명서를 발급받으면, 토지 소유자 연혁이 나와 있는데 이를 통해 부동산 소유자가 누군지 확인해볼 수 있는 것이다. 물론, 부동산 거래 시점의 소유주를 정확히 알려면 거래 당시 부동산 등기부등본을 확인하는 것이 가장 확실하지만, 대략적인 정보만 확인하는 것이라면 일사편리를 이용하는 것이 유용하다.

* **일사편리(서울): kras.seoul.go.kr**

서울시 분양·미분양 정보를 모아놓은 '서울 부동산 정보광장'

서울 부동산 정보광장은 서울시에 한정해 부동산 실거래가와 자치구별 부동산 거래량, 부동산 공인중개사 개업 현황 등을 볼 수 있는 사이트다. 국토부 실거래가나 한국감정원, 일사편리 등에 나오는 정보 중에 서울 것만 따로 모아놓았다고 생각하면 된다. 다른 사이트에서도 정보를 얻을 수 있지만, 서울 부동산 정보광장을 굳이 이용하는 이유는 분양·미분양 정보를 확인할 수 있기 때문이다.

분양 정보의 경우 '부동산114' 정보를 가져오는데 자치구별로 아파트, 오피스텔, 도시형생활주택, 상가, 아파트형공장 분양 상황을 볼 수 있다. 미분양 정보는 시에서 제공하는 정보로, 따로 정보공개를 청구하지 않는 한 서울 부동산 정보광장이나 서울시 홈페이지에서만 확인할 수 있다. 서울시 내 25개 자치구별로 민간주택 미분양 정보를 볼 수 있으며, 업체별로도 볼 수 있다는 것이 특이점이다. 시공사와 시행사, 민간·공공분양 여부, 분양가와 분양가구 수, 미분양가구 수 등이 자세히 나와 있다. 지금이야 서울 아파트 분양 시장의 열기가 뜨거워 미분양이 많지 않지만, 2010년대 초반 글로벌 금융위기로 미분양 물량이 서울 곳곳에서 속출했을 때, 미분양 아파트 정보를 일일이 확인해야 했다. 이때 이 사이트가 아주 유용했다.

이 사이트를 통해 유용한 정보를 얻을 수 있는 다른 사이트들이 있다. 여기에서 링크를 타고 들어가는 '서울도시계획포털'을 이용하면 서울의 도시계획에 관한 최신 뉴스를 보거나 필지별로 용도지역이나 지구단위계획 등 개발정보를 확인할 수 있다. 도시계획 관련 새 공고나 고시, 도시계획위원회 의결 사항, 보도자료들이 올라오는데 일부 프롭테크 기업은 이 자료에서 데이터를 추출해 특정 필지에 어떤 변동 사항이 있는지 추적하기도 한다. 가령 어떤 땅의 도시계획이 바뀌어 용적률이 올라가면, 그 땅의 가치는 올라갈 수밖에 없는데 이를 미리 추적하고 있으면 누구보다 빨리 토지 가치의 상승을 알아차릴 수 있다. 서울 말고 경기도와 인천도 서울 부동산 정보광장 홈페이지와 비슷한 사이트를 운영하고 있다. 경기도는 '경기부동산포털', 인천은 '인천부동산광장'이다.

* **서울 부동산 정보광장:** land.seoul.go.kr
* **서울도시계획포털:** urban.seoul.go.kr
* **경기부동산포털:** gris.gg.go.kr
* **인천부동산광장:** imap.incheon.go.kr

재개발, 재건축 부동산이 궁금하다면 '재개발·재건축 클린업시스템'

재개발·재건축 클린업시스템은 정비사업 추진위원회나 조합이 정관과 용역 업체 선정계약서, 의사록, 회계감사 보고서 등을 조합원들에게 공개하는 사이트다. 조합이 제공하는 자료를 근거로 대략적인 추정분담금을 산정하는 분담금 추정 프로그램도 이용할 수 있다. 2020년 초 서울시는 클린업시스템과 함께 온라인으로 조합을 운영하는 e-조합시스템을 통합하기로 했다. 조합원들은 이 시스템을 통해 조합 운영의 전 과정을 볼 수 있다. 조합원들이 아닌 일반인들도 지역별로 어떤 사업장이 있는지 정리해서 볼 수 있고, 각 정비사업 사업장마다 어느 단계를 거쳐 사업이 진행되고 있는지 알 수 있다.

* 재개발·재건축 클린업시스템: cleanup.seoul.go.kr

흩어져 있던 주거 복지 정책을 모아보는 주거 복지 포털 '마이홈'

집값이 비싸지면서 신혼부부 특별공급, 청년·신혼부부 주택, 디딤돌 전세자금대출, 청년임대주택 등 각종 주거 복지 정책들이 나왔다. 이런 주거 지원 정책들은 그 수가 한정돼 있고 조건들이 선별적이라 내가 과연 그 조건에 해당하는지 몰라서 찾아 먹지 못한다는 이야기가 많다. 소득, 나이, 사는 곳, 무주택 기간, 결혼 유무, 자녀 유무, 자녀 수 등 조건이 꽤 복잡해 시도해볼 엄두도 못 내고, 혹시나 지원 대상자이더라도 지원 방법이 복잡하다. 국토교통부부터 각 지자체, LH, SH 등 사업 시행 주체가 달라 해당 정보를 한눈에 보기 어렵다는 비판도 있다. 이를 해결하고자 최근에 정부가 주거 복지 포털 '마이홈'을 만들고 여러 군데에 올라오던 공고를 한군데 모았다.

　마이홈에 접속하면 메인 화면에 '내게 맞는 주거 복지 정보'가 있는데, 여기를 보면 정부가 실시하는 임대주택 상품들을 확인할 수 있다. 생계가 어려워 국가에서 보호를 받는 계층의 주거 안정을 위한 영구임대주택부터 대학생, 신혼부부, 청년 등에게 제공하는 임대료 저렴한 행복주택까지 다양하다. 도심 내 최저소득계층이 현재 지내고 있는 생활권에서 거주할 수 있도록 기존 주택에 대해 전세 계약을 체결하고 저렴하게 재임대하는 전세임대주택, 무주택 저소득층이 오랫동안 살 수 있는 국민임대주택 등도 있다. 3기 신도시 공공분양 사전청약이나 공공분양 아파트 분양 물량, 입주할 때 분양가의 20~40%만 내고 20~30년 거주하면서 지분을 단계적으로 살 수 있는 '지분적립형 분양주택' 공고도 이곳을 통해 나올 공산이 크다.

　하지만 여전히 자신에게 맞는 임대주택, 특별공급이 있는지 확인하려면 여러 사이트를 살펴봐야 한다. 마이홈 포털에 모아놓기는 했지만 모든 자료가 올라오는 것이 아니기 때문이다. SH 홈페이지나 LH 홈페이지도 참고해야 하는데, 아는 사람들은 정준모 씨가 만든 'LH청약공고'나 'SH청약공고' 애플리케이션을 통해 공고 내용을 수시로 확인하기도 한다.

* 마이홈: myhome.go.kr
* 정준모(애플 앱스토어 ID: JunMo Jeong, 구글플레이: Biglove)

6장.

똑똑한 부동산,
어디까지 진화할까?

지금까지 부동산 시장의 고질적인 문제 4가지, 정보의 비대칭성, 값비싼 거래 비용, 정해진 목적에 따라서만 운용했던 비효율적인 활용, 복잡한 거래 절차를 해결하는 비즈니스 모델을 만들어 더 편리한 것은 물론 투자가치까지 높여준 프롭테크의 기술과 이를 이용한 혁신적인 회사들을 두루 살펴보았다. 이 덕분에 우리는 더 간편하고 쉽게 부동산을 찾고, 거래하고, 관리 및 운영할 수 있게 되었다. 하지만 프롭테크는 부동산의 거래 과정이나 운용 방식만 편리하게 만드는 게 아니다. 우리가 정말 이것에 주목해야 하는 이유는, 바로 프롭테크가 곧 미래의 부동산 시장 패러다임을 바꿀 키워드이기 때문이다. 단순히 집이나 건물, 땅만 생각하던 부동산을 프롭테크가 어디까지 바꿀 수 있을지 궁금하지 않은가?

가장 기대되는 변화는 부동산 자체가 더 똑똑해지지 않을까 하는 것이다. 집이나 사무실, 창고 같은 부동산은 물리적으로 그 실체가 고정된 공간이다. 이 하드웨어 자체를 바꾸는 일은 쉽지 않다. 하지만 똑똑한 장치(소프트웨어)를 하드웨어에 접목하면 부동산의 외형을 변형하지 않고도 부동산을 좀 더 효과적이고 편리하게 사용할 수 있도록 바꿀 수 있다.

이해를 돕기 위해 좀 더 쉽게 설명해보겠다. 자, 여기 30평대 아파트가 하나 있다고 하자. 우리가 이 아파트를 바꾸고 싶을 때, 기껏해야 할 수 있는 것은 리모델링이나 인테리어를 통해 침실과 화장실, 부엌, 작은 방, 다용도실, 발코니 등 이미 구역화된 방을 조금 더 튼튼하고 외관상 보기 좋게 만드는 것이다. 하지만 이것은 궁극적으로 진화한 부동산의 모습이 아니다. 여기서 한 차원 더 발전한 부동산의 모습은 인테리어를 통해 단순히 옷만 바꿔 입는 것이 아니라 사람만큼 똑똑해지는 것이다.

좀 더 정확하게 이야기하면 응용 프로그램을 이용해 사용자의 생활공간을 개인 맞춤형으로 바꾼다는 것인데, 사람만큼 똑똑해진 스마트 홈은 집 내부의 가전이나 조명은 물론이고 집 안의 냉장고, 텔레비전 같은 대형 가전, 문과 창문, 거울, 벽 등 모든 부분에 기술을 탑재하여 사용자의 생활 패턴 데이터를 수집함으로써 이것을 가능하게 만든다. 스마트 도어, 스마트 윈도우, 스마트 글래스, 스마트 월뿐만 아니라 조그마한 사물인터넷 기기와 연동된 스마트 조명,

스마트 스위치가 얻은 데이터를 중앙 제어 장치인 음성비서(애플의 시리를 떠올리면 이해하기 쉬울 것이다)가 한곳으로 모아 처리하고 분석해 사용자에게 가장 적합한 결과물을 전달하는 것이다. 이렇게 되면 사용자가 직접 가전이나 가구를 조절하지 않아도 자동으로 자신에게 맞는 가장 최적의 상태를 유지할 수 있다.

우리가 사는 공간을 이대로 두어도 괜찮을까? 지금 당장은 편리하더라도 장기적으로 봤을 때 뭔가 부족한 것은 없을까? 리모델링 차원이 아니라 더 편리한 공간으로, 나만의 공간으로, 나에게 가장 최적화된 상태를 만들려면 어떻게 해야 할까? 스마트 홈과 같은 기술이나 장치들은 이 의문을 해결하기 위한 무수한 설득의 결과물이다. 판잣집이 연립이 되고, 연립이 아파트가 되면서 우리가 사용한 공간은 그동안 20~30년 주기로 한 번씩 외형이 바뀌어 왔다. 하지만 이제는 외형뿐만 아니라 건물의 내형, 기능까지 바꾸려 고민하는 시대다. 그리고 이런 문제를 고민하는 사람이 늘수록 공간은 앞으로도 계속 진화할 것이다. 좀 더 다른 차원으로의 변화, 우리의 다양한 욕구를 충족시키는, 더 다채로운 기능을 갖춘 공간으로 말이다.

자, 다시 한번 묻겠다. 미래의 부동산은 어디까지 변할 수 있을까? 우리가 가장 편안하게 느끼고, 우리의 퍼포먼스와 생산성을 극대화하는 공간이란 무엇일까. 정해진 자원을 어떻게 하면 더 효과적으로 쓸 수 있을까? AI를 탑재한 스마트 홈의 내구성은 우리가 상상하는 것 이상으로 얼마나 더 똑똑해질 수 있을까? 우리가 미처 상상하지도 못한 부동산의 미래란 무엇일까. 이번 장에서는 조금씩 진화하고 있는 부동산의 구체적인 모습들을 통해 미래의 부동산이 앞으로 어디까지 발전할 수 있는지 살펴볼 것이다.

집 안의 모든 것이 스마트 홈 데이터

2019년 12월, 업계에서 보기 드문 일이 일어났다. 구글과 아마존, 애플이 손을 잡은 것이다. IT 업계 거물 셋이 손을 잡은 이유는 무엇일까? 바로 스마트 홈 기술 표준 개발을 하기 위해서다. 이들이 스마트 홈 시장에 뛰어든 이유는 크게 2가지다. 첫째는 스마트폰 이후 다음 먹거리를 찾는 IT 기업들에 집만 한 소비재가 없기 때문이고, 둘째는 스마트 홈 시장을 선점하기 위해서다. 집 안에 들어가는 가전과 가구, 집기 등 사물인터넷으로 연결될 각종 스마트 기기와의 호환성 경쟁에서 이기고 그 가운데 수집되는 데이터까지 확보하는데 스마트 홈만 한 게 또 없기 때문이다.

CNBC, 〈포춘〉 등 외신들은 구글과 아마존, 애플이 지그비 얼라이언스ZigBee Alliance[19]와 함께 파트너십을 체결하고, 기존에 시판됐

19 저가 · 저전력형 무선 네트워크 표준을 만드는 업체들의 모임으로, 사물인터넷 및 스마트 홈 기술 표준 개발을 위해 서로 협력한다.

거나 앞으로 나올 기기의 브랜드에 상관없이 스마트 홈 기기를 자유롭게 활용할 수 있도록 표준 규격을 만들 예정이라고 보도했다.

지그비는 현재 많은 사람이 쓰고 있는 와이파이나 블루투스와 같은 근거리통신망이다. 와이파이나 블루투스는 가장 널리 쓰이는 무선 인터넷 표준이고 데이터 전송 속도도 빠르지만, 전력을 많이 소비해 유선으로 사용해야 한다는 단점이 있다. 반면 지그비는 주고받을 수 있는 용량이 크진 않지만, 전력 소모를 최소화해 스마트 홈 시대의 통신 기술 대안으로 주목받고 있다. 이런 까닭인지 지그비 프로젝트에 많은 기업이 관심을 보이는 중이다. 3대 'IT 공룡'뿐만 아니라 삼성과 LG는 물론, 중국의 화웨이, 네덜란드의 필립스, 일본의 파나소닉, 핀란드의 노키아 등 전 세계에서 내로라하는 전자제품 관련 대기업이 모두 참여한다. 심지어 스웨덴의 가구 회사 이케아도 참여사 리스트에 이름을 올렸다.

이런 세계적인 기업들이 내놓을 스마트 홈은 궁극적으로 무엇을 뜻할까? 우리 삶에 어떤 변화를 가져올까. 한국 스마트 홈 산업협회는 스마트 홈을 "주거 환경에 IT를 융합해 국민의 편익과 복지 증진, 안전한 생활이 가능하도록 하는 인간 중심의 스마트 라이프 환경."이라고 정의하고 있다. 우리가 피부에 와닿을 정도로 느낄 눈에 띄는 변화는 이런 것들이다. 앞서 설명했지만, 일단 주택 내부에 '완전한' 스마트 홈을 도입하면 세탁기나 건조기, 오븐, 냉장고 등 소비자 가전뿐 아니라, 조명이나 냉난방, 환기, 보안 관리, 배전, 수도 등 모든 시설이 자동화 시스템으로 작동한다. 유무선 네트워크가 각종 정보를 실어 나르고 컨트롤러가 센서를 통해 정보를 수집한 다음 알아서 판단을 내리기 때문이다. 센서는 거주 환경의 변화를 감지하기 위한 장비로 온도, 습도, 열, 가스, 밝기, 초음파 센서 등을 포함하는데, 이런 변화를 원격 감지하거나 레이더처럼 위치를 파악하고, 움직임, 영상 등으로 받아들인다.

최근에는 영상, 음향 등 다양한 정보를 기계학습하여 더 복잡한 상황을 인지할 수 있도록 하는 다중 센서 기술이 개발되고 있다. 이뿐만 아니라 창문 개폐 및 거주자 출입 확인, 주차 관리 및 승차 관리 등도 스마트 기기 하나로 해결할 수 있다. 이에 더해 스마트 홈은 앞으로 사용자의 생활 반경 안에서 그들의 생활 패턴 데이터를 수집하여 사용자의 퍼포먼스를 최대한으로 끌어올려주는 맞춤형 서비스까지 제공할 것으로 예상한다.

가령 사용자가 매일 아침 일어나 잠자리가 어땠는지를 묻는 음성 비서의 질문에 대답하면, 스마트 홈은 온도와 습도, 조도, 공기 청정도, 소음 정도 등을 모두 저장해 통계를 낸 다음 사용자에게 가장 잘 맞는 최적의 상태를 조절, 유지하는 것이다. 잠자리뿐만 아니라 기술을 장착한 냉장고는 내가 먹는 음식을 분석해 영양 상태를 확인해주며, 샤워기는 내 몸 상태에 맞는 온도로 물을 틀어준다. 현재 스마트폰과 웨어러블 기기의 애플리케이션을 연동해서 자기 건강 상태를 점검하는 수준까지 개발되었는데, 여기에 내가 사는 공간의 환경까지 통제할 수 있는 데이터가 더해진다면, 좀 더 완성도 높고 정확한 결과물을 얻을 수 있을 것이다.

사실 스마트 홈이 등장하기 전, '인텔리전트 홈'이라는 이름으로 국내 건설사들이 집 안에 기술을 접목하는 시도를 해오기는 했다. 1995년, 우성건설이 한글과컴퓨터와 손잡고 서울시 강남구 도곡동에 위치한 원룸형 오피스텔(현 우성리빙텔)에 컴퓨터를 이용한 인텔리전트 주택시스템을 도입한 사례가 바로 그것이다. 우성건설이 제공한 주택시스템 서비스는 조그만 PC 한 대로 관리비 정산, 전등, 오디오, 텔레비전, 전기밥솥 같은 가전제품을 제어하거나 결혼기념일, 기일 같은 중요한 날을 설정하면 자동으로 알람을 받는 서비스와 같은 것들이었다.

이렇듯 생활에 편리함을 가져다주는 기기들이 설치된 집은 1990년대에도 존재했다. 일각에서는 기술적 한계와 비싼 원가 때문에 그 이후 더 많은 사례가 나오지 않게 됐다는 이야기도 있지만, 사실 당시 개발 단계의 기술 수준을 짐작해봤을 때 그것이 사용자의 경험을 획기적으로 개선한 상품이었을지는 의문이다.

지금 같은 경우 일례로 카카오의 인공지능 플랫폼인 카카오i 기반의 스마트 홈 시스템은 아예 건물 내벽에 탑재돼 소비자가 아파트의 각종 시설이나 집 안의 가전제품을 손쉽게 제어할 수 있다. 아파트 주민이 '카카오홈' 애플리케이션을 설치하면 이를 통해 "거실 온도 올려줘.", "엘리베이터 불러줘." 등 음성으로 자신이 원하는 것을 지시할 수 있는 식이다.

인공지능 플랫폼이 이 수준까지 발전하자, GS건설과 포스코건설은 카카오i를 기반으로 한 스마트 홈을 짓고 있고, 현대건설과 현대산업개발, SK건설 등은 SK텔레콤과, 대림산업은 KT와 각각 협약을 맺고 스마트 홈 서비스를 제공하고 있다.

삼성물산은 삼성전자의 IoT 브랜드인 스마트싱스를 도입했는데, 서울시 송파구 문정동에 있는 주택 전시관 래미안 갤러리에 IoT 기반의 미래형 스마트 홈 체험관인 '래미안 IoT 홈랩'을 선보여 실제 도입될 스마트 홈 서비스를 미리 경험해볼 수도 있다. 래미안 IoT 홈랩을 보면, 시스템 제습기와 공기청정기로 항상 쾌적한 실내 공기 상태를 유지하는 것은 물론, 침실에서는 설정 모드에 따라 조명, 침대와 커튼까지 음성인식으로 조절할 수 있다. 또 욕실 샤워기에는 물의 양과 온도가 다 기록되는 센서가 탑재돼 있으며, 주방 자동 환기 시스템도 갖춰져 있다.

똑똑한 스마트 홈, 개인 맞춤형 스마트 홈이 우리에게 가져다줄 변화는 우리 삶의 질이 근본적으로 향상된다는 것이다. 내가 알아차리든 알아차리지 못하든 신경 쓰지 않고도 나에게 최적화된 주거 환경을 제공받을 수 있다는 것은 신체적, 정신적으로 엄청난 효과를 발휘할 것이다. 나의 경우만 하더라도 새로 이사한 집이 예전에 살던 집보다 많이 건조하고 난방 시스템도 달라 온도를 조절하기가 어려웠다. 외풍이 불고 건조한 데다 집 안 온도도 제멋대로이니 컨디션을 조절하는 일이 쉽지 않았다. 하지만 만약 집이 알아서 나의 컨디션을 최상의 상태로 조절해준다면, 뛰어난 기량으로 기대 이상의 퍼포먼스를 수행하게 되지 않을까? 이렇듯 사용자의 '페인 포인트Pain Point'를 찾아 해결함으로써 새로운 가치를 창출하고 새로운 시장을 개척하려는 기업 입장에서는 '불편한 집'이야말로 도전할 가치가 있는 대상이다. 사용자의 불편함을 해결하는 물건을 팔고, 이윤을 얻고, 더 나아가 사용자와 관련한 '생활 데이터베이스'까지 구축해서 또 다른 상품을 개발할 수 있게 해주는 스마트 홈은 아마 어떤 기업이라도 포기할 수 없을 것이다.

나에게 딱 맞는 스마트 홈, 직접 만든다

국내에서는 기업뿐만 아니라 많은 사용자가 자신의 공간을 맞춤형으로 조절할 수 있다는 데 상당한 매력을 느끼고 있다. 네이버 카페 '스마트싱스 커뮤니티'에는 이런 니즈를 가진 사람들이 모여 있다. 2017년 6월에 개설된 이 카페는 회원이 지속적으로 늘어나 2021년 1월 기준, 그 수가 2만 5,000여 명에 달한다. 삼성전자의 IoT 플랫폼 '스마트싱스'의 이름을 딴 만큼 아무래도 삼성전자 제품에 관한 정보가 많지만, 사람들은 이 카페에서 중국 샤오미의 '샤오

미홈', 애플 '홈킷'과 호환되는 다양한 제품도 활용해 자신만의 스마트 홈(일종의 DIY)을 만드는 노하우를 공유한다. 기본적인 기기 설치법은 물론이고, 다른 회사의 기기와 자신이 보유한 플랫폼을 어떻게 연동하는지에 관한 이야기는 회원들 사이에서 특히 인기 토론 주제다. 가령 샤오미 기기를 삼성의 스마트 홈과 어떻게 연동하는지 물으면 다른 회원들이 관련한 자신의 경험이나 노하우를 댓글로 달아준다. 물론 이런 이야기뿐만 아니라 전등을 함부로 스마트 전구로 바꿨다가 아내에게 등짝 맞았다는 등의 재미있는 이야기도 있다.

이 플랫폼들을 살펴보면 호기심 때문에 자기만의 스마트 홈을 만들기 시작한 사람도 있지만, 실제로 자신의 집을 개조하려는 욕구가 커서 뛰어든 사람이 많다. 이들에게 스마트 홈은 곧 '나만을 위한 집'을 만들려는 노력 그 자체다. 자신이 원하는 주거 환경을 조성하고자 생활에 영향을 끼칠 수 있는 외부 환경요소들을 자동으로 조절할 수 있게끔 만드는 데 심혈을 기울인다.

가령 이산화탄소, 미세먼지, 방사능 물질, 온도, 습도, 조도 등을 조절하는 것인데, 만약 오늘 아침 비 소식이 있다면 보일러를 10분간 가동하고 강수량에 따라 창문의 각도를 조절해 집 안 온도를 잡고 환기까지 하도록 지시한다. 카페에서 활동하는 한 회원은 이곳에서 얻은 지식을 바탕으로 자동화된 스마트 홈 플랫폼을 구축했다.

이들은 '삶의 질'을 높이고 싶어서 스마트 홈을 만든다고 말한다. 한 회원은 "주거 공간이 나에게 스트레스가 아닌 편안함과 안락함을 제공해주기를 바랍니다. 주변 환경이 변할 때마다 내가 에너지를 소모하는 게 아니라 에너지의 항상성을 유지할 수 있다면 IoT를 하는 목적은 그것만으로도 충분할 것 같아요."라고 이야기했다. 또 다른 회원은 자신이 겪은 불편한 경험을 예로 들며 스마트 홈을 만들게 된 이유를 설명해줬다. "우리나라는 건축물이 목적인 것 같아요. 사람들이 주거하는 건물에 맞춰 살아야 한다고 생각하는 경우가 많죠. 한번은 습도가 높아 결로가 생겨 곰팡이가 핀 걸 보고 열받아서 민원을 넣었는데, 건설사에서 하는 말이, 겨울에도 환기해야 한다고 하더라고요. 그 말을 듣고 기가 찼죠." 이 회원의 말은 개인적으로도 특히 공감하는 부분이다.

우리는 수많은 요건을 따져 주거 공간을 고르지만, 나에게 딱 맞는 완벽한 공간을 찾기란 불가능한 일이라, 결국 그 공간에 맞춰서 살기 마련이다. 불편함을 참거나 무엇을 불편하게 느껴야 하는지 모르기도 한다. 하지만 스마트 홈 서비스가 더 발전하고 상용화되면 이 회원들처럼 자신에게 딱 맞는 최적의 공간을 갖고 싶다는 욕구는 더욱 강해질 것이며, 나에게 맞추는 공간을 찾는 일도 가능해질 것이다.

구글, 아마존, 애플의 스마트 홈 대전

해외에서도 스마트 홈에 대한 관심이 높은데, 특히 스마트 홈의 핵심 기기인 음성비서의 인기가 대단하다. 글로벌 시장조사 업체 카날리스에 따르면 2019년 전 세계에서 팔린 인공지능 스피커는 1억 2,460만 대로, 2018년 판매량인 7,800만 대보다 60% 증가했다. 13억 대가 넘게 팔린 스마트폰과 비교하면 턱없이 부족하지만, 전년 대비 판매량이 2% 감소한 스마트폰보다 성장세가 크게 두드러졌다. 2019년 스마트 스피커의 역대 누적 판매량은 2억 대를 넘겼는데, 이는 2014년 11월 아마존이 아마존 알렉사Amazon Alexa라는 음성인식 인공지능 플랫폼을 탑재한 스마트 스피커 '아마존 에코Amazon Echo'를 출시한 지 5년 만의 일이다. 전 세계에서 35명 중 1명 꼴로 스마트 스피커를 보유하고 있는 셈이다.

스마트 스피커 시장의 절대 강자는 가장 먼저 상품을 개발한 아마존으로 3,730만 대를 팔았고, 구글은 2,380만 대, 바이두가 1,730만 대, 알리바바가 1,680만 대, 샤오미가 1,410만 대를 팔았다. 스마트 스피커는 특히 중국 시장에서 인기가 많은데, 중국 기업 3곳에서 판매한 수량의 합이 4,820만 대에 이르는 것만 봐도 그렇다. 이 것만 해도 엄청난 수치이지만, 바이두는 전년 대비 384%의 성장세를 기록하는 기염을 토했다.

그렇다면 음성비서의 핵심인 스마트 스피커를 통해 이용자의 어떤 데이터를 얻을 수 있을까? 2018년 미국의 인공지능 스피커 전문 온라인 미디어 '보이스봇Voicebot'에 따르면 사람들이 스마트 스피커에 가장 많이 하는 질문은 '음악'에 관련된 것이었다. 가령 "신나는 음악 틀어줘." "방금 들었던 음악이 뭔지 알려줘." 등 이런 내용의 질문을 많이 한다는 것이다. 그다음으로는 뉴스에 관한 것이 많았고, 노하우, 쇼핑 정보, 영화, 역사, 스포츠 등이 그 뒤를 이었다.

우리가 스마트 스피커에 주목해야 하는 이유는 단순히 전 세계적으로 인기가 있어서가 아니라 이것이 스마트 홈의 컨트롤 센터로 자리매김할 공산이 크기 때문이다. 사용자와 음성으로 소통하기 때문에 주인의 지시 사항을 각종 가전 기기에 전달할 뿐만 아니라 가전 기기들이 가진 데이터도 전달할 수 있다. 이렇게 되면 사용자는 집 안 내부를 자동화 시스템으로 모두 조절할 수 있게 된다.

아마존, 구글, 애플 등 주요 스마트 스피커 제조사들이 스마트 홈에 투자하는 이유는 앞에서도 말했지만 이 가전 기기들을 자신들의 스마트 홈 생태계로 편입시켜 플랫폼 영향력을 키우기 위함이다. 글로벌 리서치 회사 IPG미디어랩의 리처드 야오Richard Yao 전략·콘텐츠 담당 매니저는 이를 두고 '집의 전쟁'이 시작됐다며, 이들이 스마트 홈 생태계를 갖추려는 분위기가 뜨겁다고 전했다.

스마트 스피커 시장점유율 1위 아마존은 2018년 2월 초인종 회사인 '링Ring'을 10억 달러(당시 기준 1조 1,000억 원)에 인수했다. 그러고 나서 방범 카메라와 스마트 도어락을 번들(하드웨어 구매 시 무료로 제공하는 소프트웨어)로 제공하는 '키Key' 서비스를 시작했는데, 이는 주거 생활의 시작이자 끝인 '문'을 공략하는 전략이었다.

같은 시기 구글은 질 수 없다는 듯 홈 IoT 스타트업 네스트Nest를 인수했다. 그리고 백화점 브랜드 타겟Target과 손잡고 구글 어시스턴트를 통해 음성으로 활성화하는 쿠폰을 만드는 등 마케팅을 확대했다. 현재 스마트 홈 플랫폼 시장은 아마존과 구글, 그리고 '홈킷'을 소유한 애플의 싸움터다. 이 기업들이 이렇듯 열을 올리는 까닭은 모바일 시대 이후 찾아올 IoT 시대를 대비하기 위함일 것이다.

아마존은 스마트 홈 플랫폼을 조성해 기존 아마존 사이트를 좀 더 쉽게 이용하도록 만들려는 공산이 크다. 스마트 스피커 '아마존 에코'로 2015년 초부터 음성 쇼핑을 유도했으며, 유저의 경험을 증진하기 위해 알렉사 연동 프라임 멤버십도 만들었다. 이것은 '모든 경제활동을 아마존에서' 하게끔 유도하는 전략이다. 초창기 책만 사고파는 회사에서 식료품, 의약품, 헬스케어 제품까지 거의 모든 제품을 취급하는 기업으로 변모한 아마존이 스마트 홈 플랫폼 개발에 적극적으로 뛰어드는 것은 이러한 의도가 있어서다. 야오 매니저는 "아마존 프라임 멤버십이 지금은 쇼핑과 콘텐츠에 머물고 있지만, 앞으로는 스마트 홈 서비스와 보안 서비스로 확대될 것이다."라고 했다. 그렇게 되면 아마존은 스마트 홈을 통해 다목적 플랫폼으로서 우리 삶에 더욱 깊이 침투할 것이다.

구글은 검색엔진 회사이기 때문에 자사의 우위를 강화하려면 더 많은 데이터를 확보해야만 한다. 이것이 곧 소비자 타깃 마케팅을 강화하는 중요 요소이기 때문이다. 그래서 사람들의 여러 생활 데이터를 수집할 수 있는 플랫폼인 스마트 홈에 뛰어들려는 것이다. 특히 문자 검색 이외의 다양한 방식으로 데이터를 수집하게 되면서 검색 시장이 커지는 것도 '검색왕' 구글에는 꽤 위협적이다. 핀터레스트가 이미지 검색을 강화하고 아마존이 음성 검색을 강화하는 마당에, 이 바닥에서 둘째가라면 서러워할 구글이 뒤처질 수는 없는 노릇이 아니겠나.

스마트 홈은 구글의 데이터 역량을 키우고 광고 시장에서의 지배력을 높이는 데 쓰일 공산이 크다. 홈 스피커나 IoT 제품을 통해 사용자의 데이터를 확보하고, 그 데이터를 가지고 다른 매체에 광고권을 파는 것이다. 구글은 검색엔진, 스마트폰, 웨어러블 기기 등을 통해 확보한 사용자의 디지털 습관에 관한 데이터가 이미 방대해서 스마트 홈은 이를 더욱 공고히 하는 역할을 하게 될 것이다.

애플의 경우 이용자가 애플 제품을 계속 살 수 있도록 하는 생태계를 만드는 것이 중요하다. 애플 홈킷이 강력해질수록 애플 사용자들은 계속해서 애플 제품을 쓸 수밖에 없다. 물론 한 집에 한 가지 브랜드의 가전 기기들만 있지는 않을 것이므로, 단일 브랜드 시너지가 강한 애플이 스마트 홈 안에서 자체적인 생태계를 만들 수 있을지, 그것이 기존의 제품들만큼 브랜드 시너지를 낼지는 미지수다. 아마도 이런 애플의 성격이 '양날의 검'이 될 것이다. 다른 기기들과 호환이 잘 안 된다면 결국 소비자가 선택할 수 있는 것은 '아예 안 쓰거나', '애플 것만 쓰거나' 둘 중 하나일 것이기 때문이다.

스마트 홈 플랫폼은 이런 공룡 기업들뿐만 아니라 건설사들도 주목하는 시장이다. 요즘 건설사들이 신축 아파트 수주를 딸 때 차별화 요소로 스마트 홈 도입을 이야기하는 경우가 잦다. 특히 입찰 경쟁이 치열한 강남권 재건축 아파트의 경우 스마트 홈 서비스로 조합원들의 이목을 끌려는 것을 자주 볼 수 있다.

삼성물산의 경우 래미안 아파트라는 브랜드 파워도 있지만, 삼성의 자체 IoT 플랫폼을 적용한다고 밝히며 강남권 주요 재건축 지역인 서울 신반포15차 재건축 아파트와 반포주공 1단지 3주구의 수주를 따냈다. 롯데건설은 SK텔레콤과 손잡고 서울 잠실 미성·크로바 아파트 1,888가구에 스마트 홈을 도입한다. '단군 이래 최대 사업'으로 꼽힌 반포 주공 1단지 1·2·4주구 재건축 사업도 마찬가지로 현대건설이 SK텔레콤과 협업해 스마트 홈 서비스를 제공할 예정이다.

이런 추세 때문에 IT 업체들도 적극적으로 건설사와 협업, 새로운 먹거리를 찾고 있다. 2019년 5월 기준, SK텔레콤은 건설사 상위 10개사 중 현대건설, 현대엔지니어링, 롯데건설, SK건설, HDC현대산업개발 등 5곳과 파트너십을 맺고 스마트 홈 서비스를 제공하고 있다. KT는 삼성물산, 현대건설, 대림산업, 현대엔지니어링과 협업하고 있으며, 카카오는 삼성물산, GS건설, 포스코건설, 현대산업개발 등과 함께 각각 파트너십을 맺고 스마트 홈 시장에서 각축전을 벌이고 있다.

스마트 홈 시장에 뛰어든 여러 분야 회사의 이야기가 길어졌지만, 결국 하고 싶은 이야기는 이것이다. 대단한 기업들이 주목하고 있는 프롭테크가 앞으로 부동산의 미래를 어떻게 바꿀까?

궁극적으로는 프롭테크가 곧 부동산 시장의 가치를 평가하는 새로운 기준이 될 것이다. 지금까지 주택의 가치를 입지와 층수, 평면, 브랜드의 네임벨류 등으로 평가했다면, 앞으로는 어떤 스마트한 기술이 도입됐는가도 중요한 가치 평가 요소가 될 것이다.

주택 건설 기술의 진보가 한계에 다다른 상황에서 더 나은 주거환경을 만들려면 어떤 기술이 필요하고 또 주축이 될까. 아마도 가장 빠른 시일 내에 떠오르는 기술은 스마트 홈 기술이 될 것이다. 그뿐만 아니라 이 장에서 말하려고 하는 바와 같이 프롭테크는 IT 기술을 통해 다른 산업 분야와 융합하여 부동산 시장을 더욱 거대하게 만드는 것을 넘어서 우리가 그동안 상상하지 못한 형태의 똑똑한 집, 진화된 집을 계속해서 보여줄 것이다. 프롭테크가 진화하는 방향을 따라가다 보면, 어떤 부동산이 가치 있을 것인지, 우리가 미래에 어떤 형태의 부동산을 만나게 되는지 알 수 있는 셈이다.

💬 스마트 건설, 3D 프린팅으로 단숨에 건물 짓다

건설사는 스마트 홈뿐만 아니라 프롭테크 자체에 관심이 많다. 미래의 부동산 시장을 획기적으로 바꿀 기술이기도 하지만, 건설 현장을 크게 개선할 여지가 많아서다. 글로벌 컨설팅 기업 맥킨지의 맥킨지글로벌연구소MGI에 따르면 1995~2015년, 20년 동안 전 세계적으로 건설 산업의 성장률은 연평균 1%에 그쳤다. 같은 기간 제조업의 성장률이 3.6%인 것과 비교하면 한참 낮은 수치다. 건설 산업의 생산성은 농업이나 광업보다도 낮다. 그런 건설 산업이 근래에 주목하고 있는 것이 바로 '스마트 건설'이다.

스마트 건설이란 드론이나 로봇, 빅데이터, 사물인터넷 등 4차 산업 기술을 도입해 건설 공정을 자동화, 디지털화하는 것을 말한다. 이를 통해 생산성을 높이겠다는 계획인 것이다. 한국 정부도 2018년 '스마트 건설 기술 로드맵'을 발표해 건설 산업의 혁신을 도모하고 있다. 2020년에는 한국판 뉴딜 계획을 발표했는데, 주요 내용을 보면 디지털 트윈 기술을 고도화해 도로와 지하 공간, 항만, 댐 등을 관리하고, 2025년까지 14조 8,000억 원을 들여 도로, 공항, 항만, 상수도 등 핵심 사회간접자본SOC에 사물인터넷 센서와 지능형 CCTV 등을 부착해 디지털·스마트화하는 것이다.

스마트 건설을 이야기할 때 빼놓을 수 없는 개념 중 하나가 바로 '콘테크'다. 콘테크는 건설Construction과 기술Technology의 합성어로, 건설 공정을 디지털화해 생산성을 높이는 각종 혁신 기술을 의미한다. 아직 국내에서는 낯선 개념이지만, 해외에서는 카테라, 프로코어 등과 같은 유니콘 스타트업 등을 중심으로 빠르게 성장하는 분야이기도 하다. 스타트업 시장조사 업체 크런치베이스에 따르면 2011년 2개에 불과했던 미국의 콘테크 스타트업은 2018년 2,156개로 급증했다. 2016년 3억 5,200만 달러였던 투자금액은 2018년 60억 달러를 웃돌았다. 2019년 7월 〈월스트리트저널〉은 이를 두고 벤처투자자들이 콘테크 기업에 "돈을 쏟아붓고 있다pouring money."라고 표현했을 정도다.

콘테크 기술 중에서도 가장 주목받고 있는 기술은 3D 프린팅 건축과 프리팹pre-fab 기술이다. 3D 프린팅은 3차원 도면을 바탕으로 실제 3차원 물체를 만들어내는 기술이다. 프린터로 인쇄해서 출력물을 받아내는 방식을 떠올리면 이해하기가 쉬운데, 설계도를 3D 프린터에 넣고 출력하면 자전거나 그릇, 신발, 장난감, 의자 같은 3차원의 물건을 그 자리에서 만들 수 있다.

그렇다면 3D 프린터로 집도 지을 수 있을까? 초창기 3D 프린터가 출력하는 물건의 주재료는 플라스틱이었다. 하지만 점차 기술이 발전하면서 종이, 고무, 콘크리트, 식품, 금속으로도 3D 프린팅을 할 수 있게 됐다. 그 말은 플라스틱 형태의 조형물이나 공산품뿐만 아니라, 건축도 가능하다는 이야기다. 그래서인지 미래에는 3D 프린팅 방식으로 지어진 주택이 전통 방식으로 지은 값비싼 건축물의 대안으로 꼽히고 있다.

이미 미국이나 유럽, 중국 등지에서는 다양한 스타트업과 건설사들이 이 3D 프린팅 건축 시장을 선점하기 위해 기술 경쟁을 벌이고 있다. 시장조사 업체 마켓앤마켓에 따르면 2019년 300만 달러(약

3D 프린팅 주택 최초로 사람이 거주하게 된 이누바

35억 원) 수준이었던 글로벌 3D 프린팅 건축 시장이 2024년 15억 7,500만 달러(약 1조 6,400만 원)가량 급성장할 전망이다.

집부터 달기지까지 3D 프린팅으로 짓다

또한 해외에서는 기술 경쟁이나 투자 확충뿐만 아니라 이미 사람이 거주할 수 있는 3D 프린팅 주택을 짓고 있다. 프랑스 낭트Nantes에는 2018년 6월부터 3D 프린팅 기술로 지은 단독주택 '이누바Yhnova'가 존재하는데, 세 딸과 함께 사는 람다니 씨 가족이 세계 최초로 이 주택에 입주한 가족이 됐다.

이누바는 낭트 대학의 3D 프린팅 기술로 지어진 'Y'자 형태의 주택이다. 95㎡ 면적의 집을 짓는 데 걸린 시간은 단 이틀이었으며, 그것마저도 3D 프린터가 건축 현장에서 4m 길이의 로봇 팔을 움직이며 설계 도면대로 벽면을 쌓아 올려 만들었다. 사람이 한 일은 창호와 지붕을 마무리한 정도에 불과했다. 인력과 공사 기간을 단축시킨 덕에 건축 비용은 전통 방식으로 지었을 때보다 20%가량 절감됐다. 브누아 퓌헤Benoit Furet 낭트 대학 교수는 "앞으로 33시간 안에 벽체 작업을 마칠 수 있도록 하겠다. 10년 뒤면 3D 프린팅 주택이 기존의 방식으로 지은 집보다 40% 이상 저렴해질 것."이라고 덧붙였다.

낭트 대학뿐만 아니라 미국 3D 프린팅 건축 업체 '아이콘icon'은 2019년 9월 미국 텍사스주 오스틴에 노숙자 쉼터인 '웰컴센터'를 만들어 공개했다. 이 회사가 제작한 대형 크레인 모양의 3D 프린터 '벌컨Vulcan'은 노즐에서 층층이 콘크리트를 뽑아내며 46㎡ 남짓의 건물을 지어 올렸다. 제작 시간은 27시간이 채 되지 않았다. 이 부지에는 앞으로 480명의 노숙자를 더 수용할 수 있는 주택단지가 들어설 계획이다.

그뿐만 아니라 아이콘은 이미 멕시코 남부의 한 마을에 무주택자 50가구가 입주할 단지도 만들고 있는데 모든 작업이 마무리되면 세계 최초의 3D 프린팅 주택단지가 탄생하게 된다. 아이콘의 공동 설립자인 제이슨 볼라드Jason Ballard는 "수십 년 안에 전 세계 주택 문제를 해결하려면 확장성이 뛰어난 3D 프린팅 주택 같은 해법이 필요하다."라고 말했다. 이 회사의 목표는 한 채에 건축비 4,000달러(약 450만 원) 정도가 드는 집을 만들어 빈민층도 감당할 수 있는 주택을 공급하는 것이다.

그뿐만 아니라 3D 프린팅 건축물의 흥미로운 실례인 NASA가 주최한 '3D 우주 거주지 프린팅 대회3D Printed Habitat Challenge'를 살펴보면, 이 대회에서 우승한 'AI 스페이스팩토리'는 3D 프린터를 이용해 약 4.57m 높이의 우주인 거주지 '마샤'를 30시간 정도 만에 완성했다. 이 대회에는 한양대학교와 국내 스타트업 '뉴빌리티' 팀이 참여해 기량을 뽐내기도 했는데, 그 연장선으로 한국 연구진은 2019년부터 NASA와 함께 하와이제도 마우이섬에 약 120만 평 규모의 '달기지 실증단지'를 구축하는 프로젝트를 진행하고 있다. 주택뿐만 아니라 이처럼 다양한 건축물에 3D 프린팅 기술이 도입되고 있는 것을 보면 앞으로 이 영역은 더 크게 발전할 것으로 보인다.

앞서 아이콘의 사례를 잠깐 설명했지만, 3D 프린팅 주택은 단순히 건설 비용만 절감시켜주는 것이 아니라 사회문제를 해결하는 방안이 될 수 있다. 미국 로스앤젤레스 시의회는 2019년 9월 3D 프린터를 이용해 노숙자가 살 만한 작은 주택을 건설하겠다는 계획을 공개했다. 허브 웨슨Herb Wesson LA시의회 의장은 "주택 건축 비용을 절감하고자 3D 프린터를 이용하는 것은 좋은 방법."이라고 했다.

국내 1호 3D 프린팅 건축물 '현대BS&C 경비실'

국내 1호 3D 프린팅 건축물

한국의 상황은 어떨까. 서울에서도 3D 프린팅 방식으로 지은 주택을 직접 확인할 수 있다. 서울시 중구 장충동에 있는 현대 BS&C[20]사옥 앞에 들어선 아담한 회색 경비실 건물이 바로 그것이다. 겉보기에는 일반 경비실과 다를 바 없지만, 국내 스타트업 '하이시스HISYS'가 자체 건축용 3D 프린터로 지은 '국내 1호' 3D 프린

---

[20] 현대BS&C는 2008년 현대가(家) 3세 정대선 사장이 설립한 IT 및 건설·융합 기술 기업으로 2021년 1월 사명을 '에이치엔(HN)'으로 변경했다.

팅 건축물이다.

이 경비실은 넓이가 10㎡(약 3평), 높이가 2.2m인데, 이 건물을 짓는 데 과연 얼마나 걸렸을까? 제작 시간은 단 14시간으로 기존의 공사 시간보다 크게 단축되었다. 제작 방식을 보면 고분자 화합물이 섞인 특수 콘크리트가 3D 프린터에서 나와 설계도대로 쌓여 완성되는데, 건축물의 형틀에 해당하는 거푸집을 먼저 짓고 이것을 다시 해체하는 등 복잡한 과정을 거쳐야 하는 전통 방식과 비교했을 때 그 과정이 훨씬 간단하고 효율적이라 시간 단축은 물론 공사비도 10분의 1 수준으로 절감됐다.

달기지 프로젝트에 참여한 한국건설기술연구원은 서울대·연세대·목양종합건축사사무소·동양구조안전기술 등 16개 기관과 함께 관련 기술을 연구하고 있는데, 2021년 99㎡ 규모의 주택을 3D 프린터로 짓는 것이 목표다. 주기범 한국건설기술연구원 박사는 "99㎡ 규모의 건물 벽체 공사를 기존 방식으로 하면 4일이 걸립니다. 하지만 3D 프린터는 거푸집 없이 바로 벽을 세울 수 있어서 시간이 절반밖에 걸리지 않습니다. 그뿐만 아니라 이재민 수용시설이나 군 막사, 극한 지역의 임시 거주 시설을 신속하게 세우는 데도 유용합니다. 3D 프린팅 주택 기술은 현재 10개국 정도가 경쟁하는 초기 단계여서 우리도 승산이 있습니다."라며, 3D 프린팅 주택의 이점과 연구개발 선점 가능성에 대해 언급했다.

물론 3D 프린팅 건축 기술은 아직 그 한계가 분명하다. 가령 이런 것이다. 도시는 땅의 면적이 좁은 데 반해 많은 사람을 수용해야 해서 고층 건물이 필수다. 하지만 현재 3D 프린터로는 높은 건물을 지을 수 없다. 건물이 높아지려면 그만큼 3D 프린터 기계 자체도 커져야 한다. 좀 더 쉽게 말해 20층짜리 아파트를 지으려면 20층 높이에서 콘크리트 액체를 쏟아부을 3D 프린터가 필요하다는 뜻이다.

업계에서는 당장 3D 프린팅 방식으로 지을 수 있는 건물의 최대 높이를 5층 안팎으로 보고 있다. 건축 업계의 한 관계자는 "대형 3D 프린터를 이동시키는 것부터가 문제인 데다, 이런 공법으로 집을 높이 지었을 때 이 건축물이 안전하다는 보장이 아직 없다."라며 "3D 프린팅 주택이 건축 시장을 바꾸려면 좀 더 장기적인 연구 결과가 나와야 할 것."이라고 지적했다. 지난 2015년 중국 건설 업체 '원선'이 3D 프린팅으로 중국 장쑤성에 5층짜리 아파트를 6일 만에 지은 사례가 있지만, 역시 안전성 문제 등이 확인되지 않아 실제 이 건물에 거주하는 사람은 없다. 따라서 3D 프린팅 기술은 분명 흥미롭지만, 상용화하기에는 아직 시간이 좀 더 필요한 듯하다.

모듈러 주택과 프리팹

3D 프린팅 기술이 '미래 기술'에 가깝다면, 당장 쓸 만한 기술로는 '모듈러 주택modular housing'이나 '프리팹' 건설 방식이 있다. 모듈러 주택은 기본 골조와 전기 배선, 온돌, 현관문, 욕실 등 집의 70~80%를 공장에서 미리 만들고 주택이 들어서는 부지에 이것들

을 가지고 가서 '레고 블록' 맞추듯 조립만 하는 방식으로 짓는 주택을 말한다. 현장에서 조립만 하면 되기 때문에 기존 공법으로 지었을 때보다 50% 이상 공사 기간을 단축하는 장점이 있다.

예를 들어 5층짜리 소형 임대주택을 짓는다고 하자. 기존의 철근콘크리트를 쏟아부은 다음 이것을 굳혀 만드는 방식으로 지으면 공사 기간이 6개월가량 소요되지만, 모듈러 공법으로 지으면 30~40일 정도 걸린다. 빠르면 1~2주일 만에도 지을 수 있다.

그뿐만 아니라 현장에서 작업해야 하는 양도 그만큼 줄기 때문에 현장 인력을 더 적게 투입해도 된다. 또 주택을 해체할 때 기존 모듈을 다시 사용할 수 있어 건설폐기물도 덜 생긴다. 특히 기본적인 구조물과 내·외부 마감재를 공장에서 시공하면 품질 관리를 확실히 할 수 있으며, 대량생산이 가능해 건축 비용도 그만큼 절감된다.

또 공장에서 만들면 제조 단계에서 계절이나 날씨의 영향을 덜 받을 수 있다. 이 모듈러 주택으로 지어진 대표적인 사례가 2018 평창동계올림픽 선수 지원단 숙소다. 3,000여 명을 수용하는 건물을 짓는 데 단 7개월밖에 걸리지 않았는데, 만약 철근콘크리트 구조로 지었다면 1년 반은 족히 걸렸을 것이다. 덕분에 공사 비용도 30%가량 절감했다.

이런 이점 때문인지 업계에서는 모듈러 주택 시장이 앞으로도 계속 커질 것이라 내다보고 있는데, 미래에셋대우에 따르면 국내 모듈러 주택 시장 규모는 2019년 8,000억 원에서 2020년 1조

2,000억 원으로 커졌고, 2022년에는 2조 4,000억 원까지 빠르게 커나갈 것으로 예상된다. 모듈러 주택 시장의 성장 가능성이 점쳐지면서 국내 건설 업체들도 관심을 보이고 있다.

GS건설은 국내 모듈러 주택 시장의 태동에 맞춰 사업에 뛰어들 준비를 하고 있으며, 현대건설, 포스코건설, SK건설 등 국내 대형 건설사들도 관련 사업을 준비하고 있다. 금강공업, 포스코 A&C 등 몇몇 건설사는 이미 모듈러 건축 시장에 본격적으로 뛰어들어 공사비 절감 등 소기의 성과를 달성했고, 작은집, 감동C&D, 엠박스 하우스, 모하임, 공간제작소 등 소규모 모듈러 주택을 겨냥해 시장에 진입한 중소기업들도 다수 있다.

물론 이 공법에도 단점은 있다. 큰 건물을 짓지 못한다는 것이다. 지금 수준에서 이 공법으로 집을 짓는다면 6층 이하의 저층 건물만 올릴 수 있다. 그래서 대단지 고층 아파트를 시공할 때는 적용하기 어렵다. 이는 모듈러 주택 시장이 성장하는 데 제약 사항이 될 테지만, 기술이 점차 발전한다면, 충분히 극복할 수 있는 단점이 될 것이다. 국토교통부는 최근 국내 최초로 13층 이상 높이의 건축물을 모듈러 공법으로 짓는 '중고층 모듈러 주택' 사업을 국가 연구 개발 과제로 설정한 다음, 여기에 필요한 기술 개발을 추진하고 있다. 그뿐만 아니라 정부가 나서 모듈러 주택을 활용해 공공주택 사업을 적극적으로 진행할 계획이다. 예정된 공공 모듈러 임대주택은 2020년 4,350가구에서 2022년 9,750가구로, 민간임대는 같은 기간 3,500가구에서 8,900가구로 늘어날 예정이다.

건설 현장을 바꾸는 프롭테크 기술들

3D 프린팅 외에 건설 현장을 바꾸는 데 어떤 혁신적인 기술들이 사용되고 있을까. 콘테크 기업들은 3D 프린팅 기술뿐만 아니라 협업 소프트웨어나 드론, 증강현실, 로봇 등과 같은 기술도 활용해 건설 현장을 혁신해나가고 있다.

프로코어는 클라우드 기반 건설 관리 소프트웨어로 30억 달러의 기업 가치를 인정받아 유니콘 스타트업 반열에 이름을 올렸다. 이 회사의 소프트웨어는 문서나 설계도, 시스템, 드론 촬영 동영상, 회의록, 이메일 등 건설 프로젝트에 필요한 자료를 보기 쉽게 모아주어 건설공사에 참여하는 여러 이해관계자들의 커뮤니케이션을 원활하게 해준다.

룸빅스Rhumbix는 건설 현장에서 근로자들의 타임카드(근무 시간을 기록하는 카드)를 모바일에 입력하면 관리할 수 있게끔 해주는 애플리케이션이다. 일종의 '출석부'라고 생각하면 된다. 근로 시간과 생산량을 일별로 보고하고, 이것을 바탕으로 감독관에게 피드백을 받거나 현장 작업 지시를 받을 수 있다. 작업 시간 및 생산 추적, 일별 보고, 현장 작업 지시, 퀄리티 컨트롤 검사 데이터를 입력해 근로자별 실적과 계획을 비교하고 해당 결과를 일 단위로 추적할 수도 있다. 공사 현장에서 지켜야 할 안전 사항도 알려주고, 근로자의 건강 상태를 기록해 현장 데이터를 디지털화하고 표준화할 수 있다는 것도 장점이다.

홀로빌더Holo Builder는 전 세계 시공능력 평가 상위 100개 종합건설 업체 중 55%가 사용하는 프롭테크 서비스다. 증강현실 기술을 이용해 건설 현장을 360도 이미지로 촬영, 생성하여 작업 진도를 시간별로 확인하게끔 서비스를 제공한다. 공사에 들어가는 철근 크기나 간격, 번호 등 자재의 주요 정보와 설비 정보를 포함해 자재가 어디로 들어가는지 추적할 수 있다.

몇 가지 회사와 그 기술들을 소개했는데, 아마 현장을 개선하고 미래 주택을 좀 더 효율적이고 빨리 짓는 기술들은 계속해서 발전된 모습으로 나올 것이다. 이런 기술들을 주목하고 있으면 3D 프린팅뿐만 아니라 더 획기적이고 효과적인 방법으로 지어진 집들의 형태를 볼 수 있게 되지 않을까.

건설 현장에 사람 대신 등장한 로봇

3D 프린팅과 같은 기술도 주목할 만하지만 사실 국내외 가릴 것 없이 건설사들이 최근 가장 눈여겨보고 있는 프롭테크 기술 중 하나는 단연 로봇 기술이다. 특히 국내의 경우 건설사들이 다양한 영역에서 쓰이는 로봇들을 개발하거나 그런 로봇을 만드는 회사에 적

극적으로 투자하고 있다.

기존 산업용 로봇은 단순하고 반복적인 업무만 할 수 있어 다양한 상황에 대처하고 여러 작업을 수행하는 복잡한 건설 현장에서는 활용하기가 쉽지 않았다. 사용하더라도 주로 현장에서 활용할 제품을 공장에서 미리 만드는 데 쓰이는 정도였다.

하지만 현대건설은 기존의 다관절 로봇에 인공지능을 접목시켜 건설 숙련공 수준의 정밀한 로봇을 만들었다. 건설 숙련공(사람)이 하던 업무들을 로봇에 학습시키고, 기존의 로봇이 수행하던 특정한 작업을 소프트웨어 언어로 전환해 인공지능을 탑재한 로봇이 사람만큼 정밀한 작업을 할 수 있게 만든 것이다. 또 운반용 기계 차량에도 자율주행 기술을 탑재해서 현장 어디서나 활용할 수 있게끔 했다.

현대중공업의 계열사인 현대로보틱스는 로봇이 사람과 한 공간에서 작업할 수 있도록 로봇에 더 정교한 '눈'과 '발'을 만들어줄 기술을 개발하고 있는데, 카메라 영상 분석 기술과 자율주행 기술이 그것이다. 특히 자율주행의 핵심 기술 중 하나인 슬램SLAM[21]을 고도화하고 있는데, 이는 쉽게 말해 어떤 기계가 주변 환경을 인식해 그

---

[21] 'Simultaneous Localization and Mapping'의 약어로 '동시적 위치 추정 및 지도 작성' 정도로 해석할 수 있다. 슬램이 자율주행의 핵심 기술인 까닭은 장착한 레이더와 GPS, 카메라 등 다양한 센서를 통해 데이터를 수집하고 인공지능을 이용해 최적의 길을 찾아내기 때문이다.

공간의 지형지물을 파악하고 지도를 그려 스스로 위치를 추정하도록 하는 기술을 의미한다. 로봇 청소기도 이 슬램 기술의 원리를 이용하여 집 안 곳곳을 청소하는 것이다.

현대건설은 이 기술을 좀 더 정교하게 다듬어서 2022년부터 용접이나 자재 정리 등 더 정밀한 작업이 필요한 공정에 로봇을 투입할 계획이라고 밝혔다. 그리하여 2026년까지 건설 현장 작업의 약 20%를 사람 대신 로봇이 수행하는 그림을 그리고 있다.

GS건설도 공사 현장의 안전을 확보하고, 현장 데이터를 수집하고자 로봇을 활용하기 시작했다. 앞서 언급한 큐픽스의 소프트웨어를 미국 로봇 회사 보스톤 다이나믹스Boston Dynamics[22]의 로봇에 탑재해 건설 현장에 투입한 것인데, 이름은 '스팟SPOT'이다. 다리가 4개라 강아지처럼 생겼고, 그 덕분에 장애물이나 험한 지형에서도 잘 달린다. GS건설은 스팟을 이용해 건설 현장 데이터를 수집하는 것은 물론, 앞으로 아파트 입주 전 하자 점검이나, 교량 공사 현장의 공정·품질 현황을 검토하는 데에도 활용한다는 방침이다. GS건설 관계자는 "이번에는 360도 카메라로 시험을 진행했지만, 차차 가스 감지 센서나 열 감지 센서 등 다양한 센서를 부착해 건설 현장 안전 관리 같은 다양한 분야에도 활용할 계획."이라고 밝혔다.

[22] 보스톤 다이나믹스는 2020년 12월 현대차그룹이 지분 80%를 인수해 현대차 소유가 됐다.

'딜리'부터 '클로이'까지 아파트 단지 안에 등장한 로봇

현장뿐만 아니라 코로나19로 인한 입주민과 방문객들의 편의를 고려하여 건설사들은 최근 아파트 단지나 모델하우스에 사람 대신 로봇을 배치하는 중이다. 한화건설은 2021년 2월 준공되는 '포레나 영등포' 아파트에 배달의민족을 운영하는 우아한형제들의 배달 로봇 '딜리'를 도입할 예정이다.

'딜리'는 배달원이 아파트 공동현관까지 음식을 가져다주면, 이것을 넘겨받아 주문한 가정의 집 앞까지 배달해준다. 자율주행 기능이 탑재된 이 로봇은 무선으로 엘리베이터를 호출하고 주문한 세대가 사는 층을 선택하며, 배달 애플리케이션에 입력된 고객 주문 정보를 바탕으로 집을 찾아간다.

로봇에는 '원패스 키One-Pass Key'라는 전자열쇠가 내장되어 있어 멈추지 않고 이동할 수 있다. 이렇게 해서 주문한 사람에게 음식이 무사히 도착하면 휴대전화로 배달 내역을 알려준다. 한화건설은 배달 로봇이 아파트 안에서 자유롭게 이동할 수 있도록 건물 안의 턱을 낮추고, 모든 여닫이문을 자동문으로 바꿨다.

삼성물산은 신반포15차 아파트를 재건축하는 '래미안 원 펜타스'와 반포주공1단지 3구주 재건축사업으로 들어서는 래미안 아파트에 커뮤니티 시설 안내와 예약 등을 돕는 커뮤니티 로봇을 도입한다고 밝혔다. 이 로봇에는 자율주행과 음성인식 같은 기술이 탑재돼 있으며, 조그마한 짐칸도 있어 가벼운 짐 정도는 나를 수 있다.

아파트가 준공돼 로봇이 배치되면 영화에서만 보던 안내 로봇을 실제로 볼 수 있게 되는 셈이다.

GS건설은 DMC아트포레자이, DMC파인시티자이, DMC센트럴자이 등 아파트 모델하우스에 자율주행 안내 로봇 '자이봇Xibot'을 배치했다. 자이봇은 단지의 개요와 위치, 입지, 단지 배치, 동·호수 배치, 평면, 모델하우스 안내, 청약 일정 등 다양한 정보를 사람들에게 알려준다. 터치스크린과 음성인식 기술이 탑재돼 있어 궁금한 점을 물어보거나 직접 스크린을 누르면 해당 내용을 확인할 수 있다.

이 로봇은 LG전자의 '클로이' 로봇을 모델하우스 맞춤형으로 제작한 것이다. 그전까지 클로이는 공항이나 음식점, 호텔, 병원 등에서 음식이나 짐을 운반하거나 길을 안내해왔다. 클로이의 개량형인 자이봇은 현재 안내 업무와 지정된 구역을 순찰하는 정도의 업무만 하고 있지만, 앞으로는 단지 안에서 커뮤니티 안내나 택배 배달, 쓰레기 분리수거, 소독 등과 같은 생활 서비스까지 수행할 수 있게 개발한다는 것이 GS건설의 계획이다.

그뿐만 아니라 네이버 인공지능 클로바Clova도 탑재돼 있어 기존 카카오나 아이폰의 시리처럼 음성비서와 대화도 할 수 있다. 이렇게 되면 가정에서 비서 역할을 하는 홈 로봇 역할까지도 할 것이다.

미국, 중장비 대신할 로봇 개발
해외에서는 좀 더 다양하고 흥미로운 건설 현장 로봇 활용 사례들이 나오고 있다. 호주의 스타트업 패스트브릭 로보틱스Fastbrick Robotics는 시간당 200개의 벽돌을 쌓는 로봇 '하드리안 엑스Hadrian X'를 개발했다. 이 로봇은 겉으로는 크레인 차량처럼 보이지만, 차에서 갑자기 28m 길이의 로봇 팔이 나와 벽돌을 쌓는다. 이때 벽돌을 들기 위해 로봇 팔이 왔다 갔다 움직이는 것이 아니라, 차량에 벽돌을 넣으면 내장된 컨베이어 벨트가 알아서 로봇의 팔 끝에 있는 배출구로 벽돌을 토해낸다.

로봇 내부에는 톱도 내장돼 있어 원하는 크기로 벽돌을 잘라 쓸 수 있고, 배출구로 나온 벽돌은 로봇 팔 끝의 손가락처럼 생긴 집게에 의해 정확하게 원하는 위치에 놓인다. 벽돌을 놓기 전 집게에서 접착제가 나와 벽돌이 서로 떨어지지 않도록 단단히 붙인다. 마치 잉크젯 프린터가 프린터 노즐이 움직이며 종이 위에 입력된 이미지를 인쇄하듯, 이 로봇은 로봇 팔이 노즐처럼 움직이며 먼저 입력된 3차원 컴퓨터지원설계CAD 도면을 따라 벽돌을 쌓는다.

이런 식으로 전선과 배관 구조, 문 및 창문 위치까지 고려해 벽돌을 쌓는다. 로봇이다 보니 밤낮을 가리지 않고 일해 생산성이 높으며, 설계도에 맞춰 그대로 지으니 사람의 도움 없이도 정확성이 떨어지지 않는다. 이대로라면 로봇 혼자서 집을 지을 수 있는 날이 머지않았다.

미국 샌프란시스코의 스타트업인 빌트 로보틱스Built Robotics는 '자율주행 불도저'를 만드는 회사다. 이 기업은 불도저를 비롯해 굴삭기, 트랙터 같은 중장비에 자율주행 기술을 접목해 건설 로봇으로 개발하고 있다. 설계 도면을 입력하면 건설 현장에 필요한 중장비들이 운전자 없이 땅을 고르고, 흙을 파서 옮기고 필요한 자재들을 옮긴다. 집을 직접 짓기보다는 토목 공사에 활용되는 로봇이라고 보면 된다.

2020년 초에 제프리 이멜트Jeffrey Immelt 제너럴 일렉트릭 회장이 이 회사의 고문으로 합류했는데, 그는 빌트 로보틱스에 대해 "정교한 로봇 기술을 이용해 시장 주도권을 끌어올린 회사로 도전과 기회를 동시에 마주한 건설 산업을 혁신할 수 있을 것이라 본다."라고 말했다.

미국 캘리포니아 리치몬드에 본사를 둔 엑소 바이오닉스Ekso Bionics는 2005년 설립된 외골격 로봇exoskeleton robot 전문 제작 회사다. 외골격 로봇은 사람이 몸에 착용했을 때 근력이나 지구력을 발휘할 수 있도록 도와주는 기계장치다. 주로 척추 수술 환자나 신체 마비 장애인의 재활 치료, 군인이 신체 능력을 강화해 무거운 짐을 들고 행군할 때 사용됐다. 엑소 바이오닉스도 비슷한 맥락으로 사업을 시작했다가 건설 현장의 근로자들의 생산성을 높이는 외골격 로봇을 만들게 됐다.

한 벌에 7,000달러 정도 하는 엑소 바이오닉스의 로봇 조끼 '엑소 베스트'는 드릴 작업이나 상부 파이프 설치 작업 등 건설 현장에서 일하는 인부에게 도움이 되는 장치다. 가령 조끼를 입으면 현장에서 오랜 시간 무거운 짐을 들거나 반복 작업을 할 때 덜 피로하고 부상을 방지할 수 있다. 팔과 허리에 가해지는 힘을 40% 정도 덜어 주기 때문이다. 그뿐만 아니라 유압장치를 이용해서 전기를 따로 사용하지 않기 때문에 별도의 충전 시간이 필요 없고 덕분에 비용 효율도 좋다. 미국 경제 매체 〈블룸버그〉에 따르면 영국 건설사 윌 모트 딕슨Willmott Dixon이 2019년 건설 현장에 이 조끼를 시범 도입 해 인부들에게 입혔고, 미국 자동차 회사 포드도 공장 근로자들에 게 조끼를 지급했다.

앞으로 로봇은 건설 현장에서 더욱더 많이, 다양하게 활용될 것이다. 늘 위험이 도사리고 있는 건설 현장에서 인부들을 보호하고 생산성을 높이는 것은 오랜 숙제이기 때문이다. 또 높아지는 인건비를 어떻게 해결할 것인지도 중요한 문제일 텐데, 이 로봇의 효용은 결국 얼마나 획기적으로 비용을 줄여주느냐에 따라 판가름이 날 것이다.

능률 up, 에너지 소비 down 스마트 빌딩

건설 공정을 효율적으로 바꾸는 문제도 중요하지만, 우리가 쓰는 건물 내 에너지를 효율적으로 소비하는 일도 중요한 문제다. 이를 혁신적으로 해결하는 것이 부동산 시장에서도 큰 화두가 될 것이다. 기후변화에 대한 국제적인 위기의식은 어제오늘의 일이 아니다. 사실 1997년 채택된 교토의정서, 2015년 파리협약 등 전 지구적으로 탄소를 감축하려는 노력은 계속되어왔고, 지금의 북미권, 유럽권의 선진국들은 '그린 뉴딜Green New Deal'[23] 정책의 일환으로 재생에너지 설비, 태양광발전소 개발과 함께 건물 에너지 효율화를 추진하고 있다.

국내에서도 정의당이 '그린 뉴딜 경제 전략'을 21대 총선 공약으로 들고 나왔고, 정부·여당에서도 한국형 뉴딜 정책에 그린 뉴딜을 포함시켜 총사업비 73조 4,000억 원을 투입한다고 공언하더니 실제로는 디지털 뉴딜을 포함해 2025년까지 170조 원에 달하는 금액을 투입할 것이라고 밝혔다. 재생에너지 전환과 탈탄소 인프라 구축, 200만 호 그린 리모델링 등 다양한 인프라·건설 사업이 이 정책에 포함돼 있다.

2020년 지구온난화를 막기 위한 온실가스 감축 목표를 제시하는 파리협정이 본격적으로 적용되면서 부동산 업무를 맡는 국토부 산하의 주요 연구·집행기관인 한국감정원도 부동산에서 발생하는 온실가스를 감축하기 위해 다양한 업무를 추진하기로 했다. 국가 지정 녹색건축센터로 지정되고 나서 건물 에너지 사용량 통계를 공표

[23] 녹색 산업을 지원해 시장을 창출하려는 계획. 2000년대 후반부터 미국 진보진영의 경제 아젠다로 대두됐고, 대규모 공공사업을 통해 대공황을 극복했던 루스벨트 대통령의 뉴딜 정책 친환경 버전이라고 생각하면 된다.

하고[24] 건물 온실가스 감축 기준인 표준베이스라인을 개발한다고 밝혔다.

부동산 시장이 이렇듯 에너지 절감에 주목하는 까닭은 녹색경제 때문이기도 하지만 사실 더 근본적인 이유는 그로 인한 비용 절감 때문이다. 시장은 비용 절감을 매우 민감하게 받아들인다. 그러나 지금까지 건물 에너지 절감 문제는 건물을 사용하는 사람들의 문화나 윤리적 영역으로 생각하고 교육이나 계도의 대상으로 생각해왔다. 하지만 기술을 도입해 에너지 사용 자체를 자동화 방식으로 바꾸면 우리가 습관을 들이고 따로 교육을 받지 않아도 훨씬 쉽게 이 문제를 해결할 수 있다.

일례로 최근 신축 건물들을 보면 아예 에너지 절감 시스템이 탑재되어 있어 실제 관리비 절감 효과를 톡톡히 보고 있다. 지난 2017년 4월 입주를 시작한 서울 영등포구 '래미안 에스티움'은 지열 냉난방 시스템과 태양광 발전·급탕 시스템, LED 등을 적용해 입주자들의 관리비 부담을 낮췄다. 공동주택관리정보시스템에 따르면 2019년 1월 기준 이 단지의 관리비는 1㎡당 2,258원으로, 같은 지역에 있는 연식 있는 다른 아파트 관리비보다 15.63% 낮았다. 건

24 2020년 하반기에는 비주거용 건물까지 사용량 통계 작성을 확대했다.

물 관리비는 '제2의 월세'라고도 불리는 고정 지출비인데, 이를 줄여주니 당연히 사람들에게 인기가 좋을 수밖에 없다.

새로 짓는 건물은 이렇게 지을 때부터 기술을 도입하면 훨씬 유리하지만, 이미 지어진 건물이라면 어떻게 이 문제를 해결할 수 있을까. 수많은 건물을 모두 허물고 자동화 시스템을 탑재해 다시 짓는 것은 현실적으로 쉽지 않다. 이미 갖춰진 건물의 시설·설비를 바꾸는 것은 투자비가 많이 들어서 건물주들도 반기지 않는다. 그러다 보면 결국 '큰돈 쓰느니 적게 여러 번 내자'라고 생각하기 쉽다.

이런 건물주들에게 희소식이 하나 있다. 건물 설비에 많은 돈을 쓰지 않고도 비용을 절감하는 방법들이 계속 개발되고 있다는 점이다. 프롭테크 기업들이 소형 센서와 빅데이터를 바탕으로 비용 절감 솔루션을 개발해내고 있는데, 가령 이런 것들이다.

프롭테크 기업들은 건물에 설치된 가스나 수도의 미터기 같은 아날로그 기기들을 디지털화해 데이터를 모은다. 그리고 그것을 바탕으로 건물의 어떤 부분을 자동화했을 때 에너지 비용을 줄일 수 있는지 방법을 찾는다. 이런 기술력을 인정받은 회사 중 하나인 에너지 인공지능 스타트업 크로커스 에너지Crocus Energy는 2020년 7월, 삼성벤처투자 등으로부터 35억 원의 투자를 유치했다. 투자사들은 크로커스 에너지가 설비 중심의 에너지 산업에 데이터 기반 AI 솔루션을 적용해 성과를 내는 점을 높게 평가했다.

전기는 특성상 저장이 어려워 사용할 양을 그때그때 발전시켜야 한다는 단점이 있다. 과다생산하면 생산된 전기를 그냥 날려버리는 것이다. 그러나 전력 소비량은 하루 중 시간에 따라서, 계절에 따라서도 상당히 변화 폭이 크다. 이에 전력 회사는 시시각각으로 변화하는 필요 전력량을 모니터링하고, 얼마만큼 생산할지를 결정하는데 최근에는 급전망이 매우 거대해지고 복잡해지면서 인간의 두뇌에 의한 판단도 한계에 도달해가고 있다. '바둑황제' 이세돌 9단을 이긴 '알파고'를 만든 구글의 자회사 '딥마인드DeepMind'가 영국 정부의 의뢰를 받아 에너지 수요를 정확히 예측하는 AI 모델을 만들려고 덤볐던 것도 이러한 이유에서다.

크로커스 에너지의 전기요금 절감 솔루션 '파워 세이버Power Saver'는 전력 사용량이 많은 대규모 공장, 기업을 대상으로 제공되는데, 파워 세이버를 적용하면 공정 변화나 전력 사용 패턴의 변화 없이 전기요금을 5~7% 절약할 수 있는 것으로 알려지면서 유리 업계 세계 1위 기업 코닝이나 미국 철강 회사 US스틸, 국내 철강 회사 포스코 등이 이들의 고객이 됐다. 파워 세이버는 사용자의 에너지 사용 패턴을 수집하고 그 데이터를 기반으로 AI가 최적화된 전압을 제시해 공장 내부에서 물리적으로 전압을 조절하는 방식으로 전기요금을 절약한다. 전기가 상대적으로 덜 필요한 시점에는 마치 물을 잠그는 방식처럼 전기를 덜 흘려보낸다.

노동력과 관리비를 줄여주는 스마트 빌딩

해외의 경우 국내보다 스타트업들의 솔루션 개발이 더 활발하다. 2019년 11월, 전 세계 최대 부동산 박람회인 미핌MIPIM: Le Marché International des Professionnels de L'immobilier의 뉴욕 프롭테크 주간에 참여한 적이 있었는데, 미국, 캐나다, 영국, 홍콩, 일본 등 총 48개국에서 온 프롭테크 기업의 다양한 기술을 살펴볼 수 있었다. 여기 모인 기업들 중 전 세계 투자사들의 이목을 사로잡은 기술은 단연 스마트 빌딩이었다. 전 세계적으로 스마트 빌딩 시장 규모는 점점 커지고 있다. 마켓앤마켓 발표에 따르면 지난 2017년 스마트 빌딩 시장 규모는 약 72억 달러였는데, 오는 2022년까지 그 규모가 320억 달러 규모로 성장할 것이라 전망했다.

스마트 빌딩에 관해 좀 더 설명하자면, 쉽게 말해 첨단 서비스가 탑재되어 좀 더 효율적이고 편리하게 건물을 사용할 수 있게끔 만든 건축물이라고 보면 된다. 냉난방 시스템이나 조명, 전기, 화재경보, 보안이나 경비 설비, 정보통신 네트워크, 사무 자동화 등 다양한 첨단 기술을 도입해 효율성, 기능성, 신뢰성, 안전성 등을 보장하는 것이다. 요즘은 여기에 사물인터넷과 데이터 솔루션까지 더해져 빌딩의 주요 설비에 사물인터넷 센서를 탑재하는 경우가 많다. 이 센서를 통해 빌딩 상황을 모니터할 뿐만 아니라 센서가 수집한 데이터를 바탕으로 가장 효과적인 방식을 통해 빌딩을 운영할 수 있다. 이해를 돕기 위해 예를 들어보자면, 건물의 어떤 곳에 사람이 가장 많이 몰리는지, 어느 시간대에 사람들이 가장 많이 오가는지 등의 데이터를 수집해서 필요한 곳에 조명, 냉난방, 전력 자원 등을 집중시키는 것이다. 반대로 사람이 많이 몰리지 않는 구역이나 시간대에는 조명을 자동으로 꺼두게끔 설정해 에너지 효율을 높인다.

이 박람회에서는 특히 인공지능과 빅데이터, 사물인터넷 등 첨단 기술을 이용해 상업용 부동산 자산 관리, 부동산 관리, 시설 관리FM 분야에서 솔루션을 내놓는 기업들이 이목을 끌었다. 그중에서 기억에 남는 기업 몇 군데를 소개하자면, 먼저 에너티브enertiv를 들 수 있다. 이 회사는 건물의 다양한 데이터를 자산 가치로 전환하는 기술을 가지고 있다. 건물의 전기, 수도 등 다양한 에너지 사용량을 모니터링해 이 데이터를 바탕으로 에너지 비용을 절감하는 솔루션을 선보였다. 전기·수도 계량기에 센서를 부착해 측정했고, 이런 방법을 도입하기 어려운 건물은 가상공간에 똑같이 옮겨서 더 정교한 데이터를 얻어냈다. 이렇게 수집된 정보를 통해 에너지 절감 요소를 찾아내고, 이것을 다시 시각화해 자원을 아끼는 솔루션을 제안한다. 좀 더 쉽게 설명하자면 전기 사용량을 측정한 다음 전기가 필요 없는 시간대나 빌딩의 공간을 찾아내어 자동화 시스템을 통해 그 시간대나 공간의 전기 사용량을 줄여 에너지를 절감하는 것이다. 에너티브 관계자에 따르면 이런 식으로 $1ft^2$에 52센트의 관리비, 우리 돈으로 평당 2만 원을 아낄 수 있다.

건물주라면 단연코 이런 기술 기반 서비스에 큰 매력을 느낄 수밖에 없다. 미래에 돈을 벌거나 아낄 수 있는 것이 아니라 '지금 당장' 나가는 돈을 줄여주기 때문이다. 세계적인 부동산 회사 존스랑라살의 벤처투자 액셀러레이터인 JLL스파크의 안드레아 장Andrea Jang 심사역은 "기술을 이용해 관리비를 효율적으로 절감해주니 부동산 회사들이 테크 기업을 주의 깊게 볼 수밖에 없다."라며 "빌딩마다 하루 10시간의 노동력을 줄여준다면 누구라도 그 기술에 투자하지 않겠나."라고 말했다.

미국의 엔틱Entic이라는 회사는 하드웨어를 교체하지 않고 대형 건축물의 에너지 사용량을 측정하여 스스로 학습, 최적의 방식으로 에너지를 사용하게끔 하는 자동화 시스템을 제공한다. 블랙스톤 같은 유수의 투자사로부터 1,600만 달러 이상 투자 유치에 성공한 이 회사는 소프트웨어를 통해 건축물의 공조, 전기, 가스, 수도 설비 및 시스템을 진단하고 수요를 분석해 절감 방안까지 제시한다. 8~12% 수준의 에너지 절감 효과가 있으며, 힐튼 호텔과 플로리다 말린스 파크, 세인트루이스 부시 스타디움은 이를 도입해 이미 그 효과를 누리고 있다.

그 밖에 시스코나 히타치, 하니웰, IBM, 파나소닉, 지멘스 등 대형 IT 솔루션 업체들도 이 시장에 뛰어들고 있다. 미국 기업인 시스코는 서버, 인터넷망 등 통신 네트워크 장비 부문의 최강자고, 일본의 히타치는 서버·스토리지부터 엘리베이터, 고속철도, 산업용 기계·플랜트, 반도체 제조·검사 장비, 건설기계, 일반 가전제품까지 다양한 분야를 아우르는 글로벌 하드웨어 복합기업이다. 국내에서 현관문 제어기나 인터폰 같은 제품으로 유명한 미국의 하니웰은 보일러 컨트롤러, 화재경보기 등과 함께 주택 및 건물 제어 시스템을 가진 기업인데, 항공기 엔진, 군용 탱크 엔진까지도 생산한다.

그뿐만 아니라 하니웰은 중동과 중국의 스마트 빌딩 수주 시장에 참여해 도시의 에너지 효율성을 증대하거나 대기질·수질을 향상하는 일에 집중하고 있다. 자회사인 하니웰 벤처를 통해 도시 인프라, 데이터 플랫폼 구축은 물론, 도시 관리 및 응용 서비스 제공으로 이어지는 스마트 시티 밸류체인에 맞는 새로운 기술을 편입시키고 있다. 하니웰 벤처가 투자한 회사인 트리디움Tridium은 사물인터넷 플랫폼인 나이아가라를 기반으로 빌딩 데이터를 수집·분석하고, 배선 고장, 에너지 과다 사용 같은 이상 상태를 감지해 빌딩 운영자의 의사 결정을 지원한다.

IBM, 파나소닉, 지멘스 등은 전 세계적으로 워낙 유명한 컴퓨터 및 전자제품 업체들이니 더 말할 것도 없다. 이들은 축적된 하드웨어 기술을 발전시켜 건물 관리와 운영에 관한 서비스 제공하며 본인들의 영역을 확대하고 있다.

국내에서도 이러한 에너지 절감형 스마트 빌딩 영역에서 주목할 만한 사례가 있다. KT가 국내 최대 부동산자산운용사인 이지스자산운용과 협약을 맺고 AI 기반 영상보안 및 에너지 서비스를 제공하고 있는 것이다. '기가 에너지 매니저GiGA energy Manager'라는 이름의 지능형 에너지 절감 서비스는 서울 명동의 눈스퀘어 쇼핑몰, 강남의 V-PLEX 오피스 빌딩 등에 제공되고 있다.

기가 에너지 매니저를 이용하면 실시간 에너지 소비현황과 이를 분석한 자료를 스마트폰이나 PC로 받아볼 수 있으며, 빌딩 에너지 비용을 줄이는 방법도 알 수 있다. KT와 이지스자산운용은 이 건물에 지능형 영상보안 서비스인 '기가아이즈GiGAeyes'도 설치했는데, 이는 CCTV를 통해 실시간 영상을 받은 다음 그 영상을 분석해 비상 상황이 발생하면 보안 업체에 알람을 보내 출동하게끔 하는 서비스다. 사물인터넷 센서가 탑재되어 있어 문이 열리거나 건물 안에서 연기가 날 때 상황을 알려준다. 그뿐만 아니라 사람이 움직이는 동작이나 소리를 감지하고, 온습도도 모니터링해준다. 또 들어왔다가 나가는 사람들의 수를 세어 알려주거나, 건물 안에 사람들이 더 많이 머무르는 영역을 색으로 구분해서 보여주는 히트heat 맵 통계 데이터 등도 제공한다. 삼성전자도 2018년 스마트 빌딩 솔루션 'b.IoT'를 개발했다. 이 솔루션은 3,300~1만 6,500㎡ 규모 중형 건물에 적합한 '엔터프라이즈'와 330㎡ 이하의 중소형 건축물에 적합한 '라이트', 2가지다. 삼성전자는 b.IoT가 인공지능 학습을 통해 최대 25%의 건물 에너지 소비량을 절감할 수 있다고 밝혔다. 2015년 에너지경제연구원에 따르면 건물 에너지 소비량은 전체 에너지 소비량의 약 19%를 차지했고, 2035년까지 연간 2%의 소비

증가율이 예상된다. KT의 기가 에너지 매니저나 삼성전자의 b.IoT 같은 사례가 늘어난다면 그만큼 에너지 소비량도 절감될 것이다.

업무 효율 극대화하는 '스마트 오피스'로 전환

스마트 빌딩은 건물주뿐만 아니라 사용자들에게도 편익을 제공한다. 단순히 기술을 통해 전기, 수도, 난방 등 물리 자원과 인력 출입, 경비, 방범 등 인적·서비스 자원을 아껴 관리비를 절감해주는 것에서 그치지 않고 최근에는 사무 공간 등을 만들 때 기술을 접목시켜 새롭게 공간을 디자인해서 업무 생산성과 효율성을 극대화한다. 요즘은 업무 시간 동안 한 공간에만 있는 것이 아니라 다양한 업무에 따라 최적의 환경을 제공하는 것이 유행하고 있는데, 조직에 따라 공간을 어떻게 나누고 쓸지는 조금씩 다르겠지만, 기술이 접목된 오피스의 경우 이런 환경을 제공하기가 더욱 용이하다.

가령 다른 사람에게 피해를 주지 않기 위해 따로 통화할 수 있는 공간을 만든다거나, 미리 약속을 잡고 미팅할 때는 예약한 미팅 공간을 이용할 수 있게 별도의 공간을 만든다. 조용히 문서 작업을 하고 싶다면 따로 혼자 일할 업무 공간을, 팀 생산성을 높이고 싶다면 소규모 회의 공간을, 여러 사람 앞에서 발표해야 할 때는 그 목적에 맞는 컨퍼런스 공간을 사용하게끔 한다. 창의성이 필요한 조직은 자유로운 분위기에서 가볍게 의견을 나눌 수 있는 행아웃 공간을 만들기도 한다. 예전에는 내부 문서를 회사 사무실에서만 열람할 수 있게 해놔서 어쩔 수 없이 회사에 남아 일해야 했다면, 요즘은 클라우드 기술과 보안 기술이 발달해 온라인 드라이브에 문서를 저장한 다음 권한만 부여해주면 이 권한을 부여받은 사람은 어디서든 그 문서를 볼 수 있다. 모바일 혁명으로 우리는 어디서든 인터넷을 할 수 있기 때문에, 스마트한 사무 공간은 단지 업무를 하는 곳 이상의, 업무 효율을 극대화할 수 있는 공간으로 진화하고 있다.

이를 잘 보여주는 스마트 오피스 사례가 하나 있다. 바로 SK텔레콤의 스마트 오피스다. SK텔레콤은 2019년 자사 기술을 이용해 본격적으로 스마트 오피스를 꾸렸다. 종로 센트로폴리스 3개의 층, 면적 1,200평에 달하는 SK텔레콤 사무실에는 데이터·사물인터넷 사업단의 헬스케어 유닛과 데이터 유닛 직원들이 근무한다. 그 인원만 400~500명이다. 이 직원들은 지정 좌석이 따로 없는 위워크의 핫데스크hot desk와 비슷한 구조로 된 사무실에서 일한다. 고정석이 없어 직원들이 유연하게 업무를 할 수 있고, 같은 공간을 더 많은 사람이 사용할 수 있으니 공간 효율성을 높이는 전략임에는 분명하다. 또한 회의실에는 화이트보드 대신 스마트보드가 있고 직원들이 기록한 모든 내용이 이 보드에 저장된다. 스마트보드에 더 넓은 스크린과 더 많은 정보를 화면에 띄울 수도 있다. 그뿐만 아니라 스마트폰과 전용 애플리케이션만 있으면 본인의 PC가 없어도 공유 PC에서 업무기록을 불러와 자신이 일하던 환경처럼 만들 수도 있다.

일하는 데스크나 회의실뿐만 아니라 사무실 곳곳을 살펴보면 업무 효율을 극대화하는 장치들로 가득하다. 이 사무실의 카페테리아를 보면 로봇이 커피를 타준다. 또 사무실 안에는 근무자의 동선을 파악할 수 있는 센서가 수천 개 설치되어 있는데, 이 센서가 모아준 사람들의 이동 데이터를 바탕으로 사무실 레이아웃을 최적의 상태로 바꾼다. 그 밖에도 주차장 출입 시스템을 이용해 직원들의 출근 기록도 분석할 수 있다. 하이테크 기술을 접목한 스마트 오피스 덕에 업무 환경이 한결 더 편리해지고 효율적으로 변한 셈이다.

SK는 그룹 차원에서 스마트 오피스를 장기적인 관점의 미래 먹거리로 보고 있다. SK 관계자는 "공유 오피스와 관련해 SK 테스크포스팀이 꾸려져 전 세계 다양한 사무실 유형을 수집, 공부했다. 우선은 계열사를 중심으로 다양한 테스트를 수행해보기 위해 테스트베드testbed를 돌리는 중이다. 여기에서 데이터가 좀 쌓이고 때가 되면 외부 시장에 진출해 사업 모델을 개발할 계획."이라고 밝혔다. 그 일환으로 실제 SK경영경제연구소는 2017년 5월부터 스마트 오피스를 운영했고, 종로 SK서린빌딩도 2019년부터 스마트 오피스로 조성돼 쓰이고 있다. SK의 부동산 계열사 SK D&D 소유 관철동 삼일빌딩도 마찬가지다.

아파트 관리사무소를 선점하라

네이버와 더불어 국내 IT 양대 강자로 자리매김한 카카오와 부동산 정보 애플리케이션 1위 직방이 각축전을 벌이는 장소가 있다. 바로 아파트 관리사무소다. 관리사무소에서는 무슨 일이 일어나고 있는 것일까?

아파트 애플리케이션 '모빌'은 관리사무소와 입주민의 소통을 돕는 SNS로, 아파트 단지 주민들을 위한 커뮤니티 기능부터 단지 주민을 위한 전자투표, 전자 관리비 고지서, 디지털 음성방송, 아파트 시설물 예약 등 다양한 기능을 제공한다.

지난 2018년 카카오의 자회사 카카오페이가 경영권을 인수하면서 모빌은 카카오의 손자 회사가 되었다.[25] 카카오페이가 카카오의 자회사지만 증권사도 인수할 정도로 큰데, 당시 스타트업의 경영권을 인수한 것은 처음이라 주목을 받았다. 카카오페이는 자사가 보유한 금융 플랫폼과 모빌의 아파트 생활 서비스를 연계해 온·오프라인 결제, 송금, 청구서, 인증 등 카카오페이 플랫폼을 통해 아파트 단지 내에서 일어나는 각종 결제를 처리할 수 있다면 시너지가

---

[25] 2021년 1월 8일, 직방은 카카오페이로부터 모빌을 인수했다고 밝혔다. 관련 시장에서 후발 주자였던 직방이 전략적 인수합병을 감행한 것인데, 이로 인해 시장의 판도가 어떻게 바뀌게 될지 귀추가 주목된다. 직방은 아파트 입주민 관리사무소용 서비스 '직방LINK'와 모빌과의 사업 연관성이 높아 사업적 시너지 효과를 기대해 인수를 결정했다고 밝혔다.

날 수 있을 것으로 봤다. 모빌이 종이 대신 전자 관리비 고지서를 발송하는 서비스를 운영하고 있었는데, 이를 카카오페이로 결제하게 하는 식이다.

반면 직방은 2020년 7월 새로운 사업인 '우리집 서비스'와 '컨시어지 서비스', 같은 해 9월 출시한 '직방LINK(링크)'로 모바일 관리사무소 시장에 진출했다. 모빌과 마찬가지로 관리사무소를 통해 처리하던 각종 행정·민원 업무를 모바일 애플리케이션으로 처리하도록 돕는다. 우리집 서비스를 통해 아파트의 각종 공지 사항이나 관리비 내역 및 과거 납부 이력 등을 확인할 수 있으며, 컨시어지 서비스는 단지 내 각종 편의시설 예약 및 민원 접수, 주민투표, 차량관리 기능 등을 지원한다. 이 밖에도 스마트폰을 통한 단지 내 CCTV 확인이나 택배 서비스, 창고 이용 등 다양한 기능을 추가하는 것도 검토 중이다. 직방은 향후 서비스 적용 범위를 아파트에서 원룸, 오피스텔, 빌라 등으로 확장한다는 계획이다. 그야말로 관리비를 내는 곳이라면 어디든지 될 수 있는 셈이다.

이 두 회사만 아파트 관리사무소를 노리는 것이 아니다. 계약 단지 규모 기준으로 보면 '아파트너'가 아파트 관리 애플리케이션 시장에서는 1위를 차지하고 있고, 유명 투자은행 출신의 정성욱 대표가 이끄는 살다의 '잘살아보세'가 서울 서대문구 128개 단지가 사용할 아파트 애플리케이션으로 선정되는 등 무서운 속도로 쫓아오고 있다. 전통적인 대기업도 이 시장에 뛰어들고 있는데, HDC현대산업개발은 아파트 애플리케이션인 '마이호미'를 선보여 회사가 직접 개발하는 아이파크 아파트 등에 이를 제공한다. 여러 스타트업과 제휴를 맺고 이사나 청소, 세탁, 인테리어 같은 서비스도 함께 제공하고 있다.

여러 회사들이 너도나도 앞다퉈 관리사무소로 달려가는 이유는 무엇일까. 3가지 정도를 이유로 꼽을 수 있을 것 같다. 먼저 지금의 관리사무소를 이용하는 데 알게 모르게 불편하다는 점이다. 관리사무소는 아파트 주거 문화가 확산될수록 상당히 중요해질 곳이다. 관리비 산정 및 결제, 단지 내 사업, 아파트 및 단지 내 각종 시설 관리 등 관리사무소에서 일어나는 결정 하나하나가 입주민들의 삶에 영향을 주기 때문이다. 그렇지만 관리사무소는 영세한 업체가 관리하는 경우가 대부분이라 아직까지도 많은 관리사무소가 수기로 문서들을 만들고 저장한다. 의사결정을 할 때도 중요 안건이야 부녀회나 아파트 입주자 대표 회의 등을 통해 하지만 그렇지 않은 부분은 관리사무소가 직접 결정하는 경우도 많다. 결정된 내용이 아파트 게시판이나 엘리베이터에 붙어 있긴 하지만 어떻게 업체가 선정됐는지, 어떤 항목이 얼마나 쓰여서 관리비에 반영됐는지 등 투명성 문제를 지적받는 부분도 있다. 관리비가 줄줄 샌다는 뉴스가 하루 이틀 나온 것도 아니고, 심지어는 관리사무소 직원이 비리를 저질러 법적 처벌을 받는 경우도 있다.

이런 애플리케이션들이 생기는 이유는 아파트 같은 공동주택 입주민들의 가려운 부분을 긁어주고, 새로운 편익을 가져다주려는 이유가 크다(이것이 곧 비즈니스 모델이 될 테니까). 가령 단지 내 중요한 결정을 내릴 때 부녀회나 아파트 입주자 대표 회의 등을 통해 민주적 의사결정을 할 수 있도록 시스템은 돼 있지만, 대부분의 사람들이 바쁘다 보니 일일이 참석하기 어렵고 이 때문에 제대로 된 정보를 공유받지 못하거나 의사소통을 하기 어렵다. 하지만 애플리케이션이 있다면 시간이나 공간의 제약을 덜 받고 사람들과 소통하거나 단지 내 문제를 해결하는 데 적극적으로 참여할 수 있다.

아주 기본적인 생활 정보들도 이 애플리케이션을 통해 받을 수 있다. 예를 들면 깜빡하고 아파트 관리비 고지서를 챙기지 못할 수도 있고, 단수나 단지 내 공사 안내 같이 생활에 불편함을 가져오는 소식들을 놓쳐 난감할 수도 있는데, 아파트 애플리케이션을 이용하면 이런 문제들을 해결할 수 있다. 또 요즘 새로 짓는 아파트일수록 주차장이나 방범시설, 도어락 등이 디지털화되고, 헬스장이나 수영장, 단지 내 카페 등 커뮤니티 시설이 발달하는데, 애플리케이션을 통해 이런 시설들을 예약하고 확인할 수도 있다.

두 번째는 부동산 시장 안에서도 주택 관리 시장이 커질 가능성이 높아서다. 주택 관리 업체 1위는 '우리관리'라는 회사인데 1981년 설립돼 지금은 잠실리센츠, 목동현대하이페리온, 고양 킨텍스꿈에그린, 서울숲갤러리아포레몰 등 1,191곳을 관리한다.

관리하는 면적이 주상복합이나 상업시설까지 포함해 9,215만㎡(2020년 기준)라는데, 면적으로 따지면 시장의 11% 정도다. 매출액은 2019년 말일 기준 621억 7,000만 원인데, 1위 업체치고는 크지 않은 편이다. 매출액 기준으로 역산하면 시장 규모가 1조 원이 채 되지 않지만, 관리사무소가 다루는 단지 내 계약이나 관리비 규모를 보면 시장이 커질 가능성이 큰 무대다.

한국감정원에 따르면 2019년 기준 공동주택 관리 입찰 시장은 6조 6,605억 원을 기록했다. 2015년 2조 7,714억 원에서 2016년 2조 8,643억 원, 2017년 3조 9,456억 원, 2018년 4조 8,840억 원 등 매년 꾸준한 성장을 거듭하며 커온 것이다. 이는 아파트 관리사무소나 아파트에서 일어나는 공사·용역 등을 입찰로 진행한 금액만을 뜻하는 것으로, 실제 시장은 이것보다 더 크다. 국토부 공동주택관리정보시스템에 따르면 2020년 9월 기준 전국 의무 관리 대상 아파트 단지는 1만 7,081개인데, 그 가구 수가 총 12만 1,879개동, 1,022만 2,247호다. 주거전용면적으로 따지면 7억 7,757만 448㎡인데, 전국 아파트의 1㎡당 월평균 관리비는 1,012원(2018년 12월 자료 기준)으로 전체 관리비를 추산하면 월 7,868억 원, 연으로 환산하면 9조 4,416원가량이 나온다. 의무 관리 아파트가 아닌 아파트도 있고, 아파트 외에 다른 주택들도 있다고 가정하면 주택 관리 비용은 연 10조 원을 넘어선다.

마지막으로는 이 공간과 연계해서 시너지를 얻을 수 있는 사업이 많다는 것이다. 앞서 언급한 대로 관리사무소는 하는 일도 많고, 돈이 오가는 경우도 많다. 단지 내 입주민들을 응대하고 관리도 하면서, 아파트 단지 내 들어가는 각종 시설, 조경, 외관, 경비도 관리해야 하니 신경 써야 하는 것이 이만저만이 아니다. 단지 차원에서 입주민들을 위해 하는 서비스들도 많아져 벼룩시장이나 공동구매, 공동보육, 택배 상하차 등 입주민들이 공동으로 돈을 지출하는 일도 늘고 있다. 단지 내 커뮤니티 시설이 발달하면서 관리할 것도 많아지다 보니 다양한 연계 사업도 점점 더 늘어나는 추세다. 카카오페이가 자사 서비스를 이용해 관리비를 납부하도록 하거나, 직방이 컨시어지 서비스를 제공하고 현대산업개발이 각종 스타트업과 연계해 입주민들에게 청소, 빨래, 세탁, 인테리어 등 서비스를 제공해주고 있는 것만으로도 연계해서 할 수 있는 사업이 얼마나 많을지, 그 시너지가 얼마나 일어날지 짐작해볼 수 있을 것이다.

서울시 성수동 트리마제 같은 고급 아파트의 경우 조식 서비스 같은 컨시어지 서비스도 해준다는데, 점점 개인 맞춤형 고급 서비스를 받고 싶어 하는 수요가 생겨나는 상황에서 이 시장이 커질 가능성 또한 높아 보인다. 몇몇 업체는 아파트 단지에서 나오는 관리비 데이터를 가지고 다양한 사업을 구상하고 있다. 아파트 커뮤니티를 통해 육아나 교육 서비스도 제공해주기 시작했고, 더 나아가서는 방범, 주차, 택배 등 다양한 생활 밀착형 서비스가 제공되는

장으로서 향후 스마트 홈이나 스마트 시티와 연계된 사업들도 진행될 수 있다. 이처럼 아파트 단지가 라이프 플랫폼으로서 자리매김하고 있는 상황에서 아파트 관리 플랫폼을 선점하려고 하는 기업들의 경쟁은 당연한 것일지도 모른다.

미래 부동산 청사진

스마트 시티 산업은 전 세계가 미래 먹거리로 주목하는 분야이기도 하다. 글로벌 리서치 회사 프로스트 앤드 설리번Frost & Sullivan은 글로벌 스마트 시티 관련 기업 시장이 2025년 약 2,100조 원을 넘어설 것으로 전망했다. 이는 대한민국 1년 국내총생산을 웃도는 규모로, 절대 놓칠 수 없는 시장이다. 이미 미국, 중국, 인도, 아랍에미리트 등 여러 국가는 2014년부터 600여 곳 이상에 스마트 시티 프로젝트를 진행하고 있다. 특히 이 중에서도 구글, 아마존, 토요타 등 테크 기업의 스마트 시티 계획을 눈여겨볼 필요가 있다. 이들은 막대한 자본력과 뛰어난 기술력, 린 스타트업 자세로 스마트 시티 산업에 뛰어들고 있으며, 프롭테크의 집약체인 스마트 시티를 상당히 빠르고 정교하게 만들어낼 듯하다.

그중에서도 가장 흥미로운 움직임을 보이는 것은 구글이다. 구글의 모기업인 알파벳Alphabet은 2015년 6월 '사이드워크 랩스Sidewalk Labs'라는 스마트시티 건설 자회사를 만들어 건축과 부동산 분야 인재들은 물론, 소프트웨어 개발자들까지 대거 투입했다. 그야말로 제대로 해볼 요량이었던 듯하다. 하지만 결론부터 말하자면 구글의 첫 스마트 도시 프로젝트는 실패로 막을 내렸다. 2020년 5월, 코로나19에 따른 '경제적 불확실성'을 이유로 3년 가까이 준비하던 토론토 프로젝트를 접는다고 발표한 것이다.[26]

그럼 이 시점에 실패한 프로젝트를 왜 이야기해야 할까. 일단 사이드워크 랩스의 프로젝트는 빅테크 기업이 짓고자 했던 첫 스마트 도시라는 점에서 의미가 있다. 이는 그 기업이 주목하는 비즈니스가 곧 미래에 주목받을 새로운 비즈니스라는 의미로 해석되기도 한다. 또 그 계획이 꽤 구체적이어서 우리가 지금까지 이야기한 프롭테크가 도대체 부동산의 미래를 어떻게 바꾼다는 것인지 아주 현실적인 그림을 그려볼 수 있다는 것이다. 1,500쪽이나 될 정도로 방대한 사이드워크 랩스의 마스터플랜 속 부동산의 미래라는 게 무엇인지 지금부터 천천히 살펴보자.

스마트 시티에서는 로봇이 택배를 운반한다. 지역의 물류 허브로 택배가 모이면, 최종 목적지인 집 앞까지는 자율주행 로봇 '돌리'가 배송한다.

26 토론토시와 온타리오주 정부, 캐나다 연방정부가 2001년 키사이드(Quayside)라는 수변 지역과 포트랜드(Port Lands)에 방치된 약 809만 3,713m²(244만 8,000여 평) 일대의 도시재생을 위해 정부 기관인 '워터프론트 토론토(Waterfront Toronto)'를 세웠다. 이 기관은 여러 기업의 사업제안서를 받아 검토한 다음 사이드워크 랩스를 파트너로 선정했다. 구글(사이드워크 랩스)은 2017년 10월, 50여 년간 허허벌판으로 방치됐던 이곳을 지금까지 없던 인터넷 정보통신 기술 기반 스마트 시티로 조성하겠다고 선언하며 전 세계 주목을 받았다. 이후 4만 8,562m²를 우선 개발한 다음 3.23km²로 스마트 시티 개발 지역을 확대한다는 계획을 세웠다. 이는 한국으로 치면 대략 여의도 면적 정도 되는 규모였다. 그러나 결과적으로는 실패한 프로젝트가 됐다. 이것이 실패한 데에는 코로나19라는 이슈도 있었겠지만, 사실 일각에서는 스마트 시티의 사생활 침해 이슈가 구글의 발목을 잡았다고도 말한다. 스마트 시티 곳곳에 설치된 센서를 통해 개개인이 언제, 어디서 무엇을 했는지 기록되는데, 그렇게 쌓인 사람들의 행동 패턴 데이터가 돈을 버는 이익집단이 소유하게 된다면 곧 사생활 침해로 이어질 수 있기 때문이다. 구글은 독립된 데이터 관리 기관 어반 데이터 트러스트(Urban Data Trust)를 만들어 데이터들을 이곳에 보관하고 토론토시의 정부가 관리하도록 만들겠다고 했지만, 일부 토론토 시민들은 블록사이트워크(#BlcokSidewalk, 사이드워크 랩스를 막자)라는 캠페인까지 하며 프로젝트의 투명성 부족에 대해 지적하고 반대의 목소리를 냈다.

지하터널을 이용해 택배를 운반하는 모습

　날씨가 좋지 않거나 땅이 고르지 못하면 배송 로봇의 성능이 저하될 수도 있기에, 이 도시의 지하에는 지름 2m의 딜리버리 지하터널이 생긴다. 이는 물류 허브와 건물들을 연결해 각종 물품을 배달하는 네트워크며, 이 지하터널로 인해 지상에서는 택배를 운반하던 트럭이 사라지게 될 것이다.

　또 이 서비스를 위해 새로운 개념의 택배 상자를 제안하기도 했다. 일명 '스마트 컨테이너'인데, 우리가 흔히 쓰는 종이상자는 기계가 운반하기 어려우므로, 선박 컨테이너에서 영감을 받은 21세기형 스마트 컨테이너를 만들어 도시 환경에서 라스트마일 딜리버리[27]의 표준을 만들 계획이었다. 인근

---

[27] 택배 상품이 고객에게 직접 배송되기 바로 직전의 마지막 거리 또는 순간을 위한 배송을 말한다.

물류 허브에서 물품을 스캔하고 분류해 스마트 컨테이너에 담기면, 자율주행 로봇이나 트럭, 자동차 등 다양한 운송수단이 이 물건들을 운반한다. 자율주행 시스템을 도입하기 어려운 도시의 경우 화물 자전거에도 들어갈 수 있다.

그뿐만 아니라 이들은 앞으로 10년간 드론 배송이 물류 시장을 가장 크게 변화시킬 것으로 예상했다. 특히 인구 밀도가 낮은 지역에서 귀한 물건을 배송할 때 가장 파급력이 클 것이라 봤다. 토론토의 경우 인구 밀도가 높아 소음이나 비행기의 루트 간섭 등 몇 가지 문제가 예상되지만, 기술이 발달하고 시장이 성숙하면 언젠가 드론 배송도 보편화될 것이다. 그래서 자기들이 짓는 건물의 꼭대기에 드론이 이착륙할 수 있는 지점을 만들고, 이 패드 디자인을 먼저 공개하기도 했다.

또 12억 달러를 들여 경전철을 짓고 도로에는 자율주행차가 다니며 카셰어링과 공유 자전거 서비스를 보편화할 계획도 밝혔다. 이렇게 되면 이 도시 주민들은 차를 소유하지 않아도 되고 2인 가족 기준으로 1년에 4,000달러를 아낄 수 있을 것이다.

그뿐만이 아니다. 겨울이 길어지고 폭우가 잦은 자연환경의 변화까지 기술로 해결할 계획을 세웠다. 건물 외벽과 길 사이에 특수 제작된 대형 가림막을 설치하여, 눈이나 비가 오면 자동으로 펼쳐져 사람들이 편하게 다닐 수 있도록 하는 것이다. 빅데이터로 폭우를 예측하고 분석해 건물 옥상에서 빗물을 모았다가 적절한 시기에 외부로 흘려보낼 계획도 세웠다. 이런 아이디

▲ 대형 가림막이 설치된 모습
▼ 비가 와도 자유롭게 걸어 다닐 수 있는 스토아

어느 지역 주민 2만 명을 대상으로 진행한 설문 조사 결과를 토대로 만들어
졌다.

건물 밖에는 스토아Stoa라는 공용 광장이 있는데, 바깥이지만 날씨와 상
관없이 누구나 지나다닐 수 있는 실내 공간이기도 하다. 이곳은 사용 목적

에 따라 공간을 쉽게 만들었다가 철거할 수 있게 하여 스타트업이나 소상
공인이 오픈마켓 공간으로 빌려 쓸 수 있다.

지역 곳곳에는 인터넷과 연결된 무수히 많은 센서가 설치될 예정이다.
기온과 대기오염, 소음부터 쓰레기 배출까지 방대한 데이터를 수집해 광대
역 고성능 통신망으로 전송하고, 빅데이터와 인공지능 등 첨단 기술로 이
를 분석한다. 이렇게 하면 자동차는 물론, 사람과 자전거의 움직임까지 감
지하는 교통 체계를 구현할 수 있다.

도로는 육각형 모양의 특수 모듈로 포장된다. 프랑스 교통과학기술연구
소IFSTTAR의 연구에서 영감을 받아 사이드워크 랩스가 프로토타입을 만든
이 모듈은 일반 아스팔트 포장과는 달리 램프나 열선, 배수구 등 다양한 기
능을 추가할 수 있는 특수 모듈이다. 이 모듈에 열선 기능을 추가해 자전거
도로를 깔면 겨울에도 제약 없이 자전거를 탈 수 있다.

특히 토론토는 도시가 오래돼 지하에 깔린 배관, 배선 등 설치물을 고치
려면 연간 5만 회에 가까운 공사를 해야 한다. 2017년에는 21만 4,253회나
도로를 수리했다고 하는데, 이런 방식이라면 시간도 오래 걸리고 비용도 많
이 든다. 만약 특수 모듈로 도로를 포장한다면 반나절이면 열었다 닫았다 하
며 도로를 수리할 수 있어, 기존 방식보다 13%가량 비용을 절감할 수 있다.

사이드워크 랩스가 제안하는 도시는 마치 변신 로봇 같다. 좁은 공간을
넓게 쓸 수 있도록 '로보틱 인테리어'를 제안했는데, 이를 위해 MIT 미디어

육각형 모양의 특수 모듈로 포장된 도로

랩의 엔지니어들이 만든 오리ori라는 회사는 버튼 하나만 누르면 변신하는 가구들을 제작했다. 음성 비서에게 "침실 만들어줘."라고 명령하면 소파가 있던 거실은 침실이 된다. 버튼 하나로 소파를 치우고 천장에서는 침대가 내려오며, 옷장도 왔다 갔다 한다. 화장실 문이 있던 자리는 버튼을 누르면 통로로 바뀐다. 마치 영화에나 나올 법한 무대 장치 같다. 벽도 자유롭게 움직인다. 사람들을 초대해 식사할 땐 침대가 다시 천장으로 올라가고, 벽을 움직여 침실을 좁히고, 거실을 넓게 만든다. 방이 더 작거나 거실이 없다면, 가구를 옷장 하나만 둬도 된다. 오리 회사의 옷장은 책상이 되기도 하고, 침대가 되기도 하니까 말이다. 그야말로 변신 로봇이다.

이런 변화무쌍한 모습은 집 안에서만 일어나는 것이 아니다. 사이드워크 랩스가 짓는 건물은 벽을 쉽게 떼었다 붙였다 할 수 있도록 설계된다. 미리 만들어진 모듈화된 건물은 마치 레고 같다. 천장을 높게 4m 정도로 설계해 아트 스튜디오는 물론 주택, 사무실, 창고로까지 쓸 수 있다. 바닥 공간은 비워둬 아래로 수도나 전선, 조명, 환기구, 내연재 등을 설치할 수 있도록 했다.

또한, 건물의 뼈대를 강화된 목재로 세워 환경도 생각한다. 기존의 철근 콘크리트를 쓰면 건물은 튼튼하지만, 환경 폐기물이 많이 나온다. 하지만 이들은 기존의 것처럼 튼튼한 내구도를 자랑하면서도 폐기물이 적게 나오는 특수 목재를 개발하는 데 힘을 쏟고 있다. 토론토에 들어서는 목조건물들은 콘크리트 건물로 지었을 때보다 건물 하나에서 나오는 폐기물이 75% 적고

친환경 목조 건물

트럭 적하량도 85% 줄어들며 비용도 기존 공법보다 20% 절감된다. 이들은 그 이익을 임대료가 저렴한 어포더블 하우징affordable housing[28]으로 짓는다는 계획도 내놨다.

건물의 외벽이나 뼈대만 효율적으로 변하는 것이 아니다. 내부 역시 에너지 효율성을 높이도록 설계된다. '스케줄러'라는 솔루션을 통해 날씨 데이터, 전기 가격 같은 정보를 실시간으로 받을 뿐만 아니라, 여러 공간에서 작동하는 조명, 센서 정보, 플러그별 전력 사용, 환기 정보, 냉난방 등의 데이터를 받아 각 공간의 에너지 효율을 최적화한다. 쉽게 말해 사무실이 춤

[28] 저소득층과 중산층을 위한 주택 공급.

거나 더울 때 애플리케이션을 통해 사무실 온도를 자동으로 낮추거나 높일 수 있다. 또 최대 관리비도 조정할 수 있어서 그 예산 안에서 전기, 가스, 난방을 사용할 수 있다. 보통 여름이나 겨울에는 날이 덥거나 추워, 냉난방비가 평소보다 2~3배가 나오는 것은 기본이다. 그렇다고 계량기를 항상 보고 사는 건 아니라서 쓰고 나면 생각보다 더 많은 관리비가 나오기 일쑤다. 하지만 관리비를 정해놓고 쓰면 이런 걱정을 줄일 수 있다. 예를 들어 이번 달 최대 관리비를 100달러로 설정하면 스케줄러는 그 범위 안에서 쓸 수 있는 최적의 사용 패턴을 만들어낸다. 어떤 항목에서 비용이 더 나갔는지 파악하는 것은 물론, 불필요한 시간대의 자원 낭비를 줄이고 필요한 시간대에 난방을 작동하는 식으로 관리비를 절감한다.

이들이 계획한 스마트 시티에서는 쓰레기도 더 편리하고 효율적으로 버릴 수 있다. 밖에 나가지 않고, 건물의 층마다 재활용 쓰레기와 매립 쓰레기, 음식물 쓰레기를 따로 버릴 수 있도록 만들어 압축 튜브를 통해 쓰레기를 한곳에 모은다. 여기까진 지금도 볼 수 있는 기술이다. 이 스마트 시티에서는 이렇게 분리된 쓰레기를 트럭에 실어 다시 쓰레기 집하장으로 보낸다. 외곽에 있는 쓰레기장에서는 컴퓨터 비전 시스템이 컨베이어벨트에 올라간 쓰레기를 분리한다. 가령 초강력 자석이 금속 물질을 걸러내고, 광학 센서를 통해 플라스틱을 분리하며 유리류는 중력에 의해 걸러지는 식이다. 이렇게 분리된 재활용 쓰레기는 압축돼 다시 쓰레기 거래 시장으로 보낸다.

이렇게 첨단 기술을 활용한 스마트 시티가 완성되면 이 지역 온실가스 배출량의 73%, 식수 소비량의 65%, 매립 폐기물 발생량의 90%쯤을 줄일 수 있다고 예상했다. 사이드워크 랩스는 이런 자세하고도 방대한 스마트 시티 계획을 세우고 토론토 지역사회와 협력하는데 5,000만 달러(약 580억 원)가 넘는 돈을 투자했고, 스마트 시티를 완성하는 데 약 4조 5,600억 원을 추가로 투자한다는 방침을 세우기도 했다.

이 프로젝트는 결국 무산됐지만, 이렇게 상세한 계획을 살펴보는 것만으로도, 앞으로 건물은 물론 도시 전체가, 부동산 시장이 어떤 모습으로 변모해나갈 것인지 그 구체적인 그림을 엿볼 수 있어 우리에게는 시사하는 바가 크다.

구글 말고 스마트 시티의 청사진을 그리고 이를 현실화시키려는 또 다른 기업이 있다. 바로 일본 자동차 회사인 토요타다. 토요타는 2020년 1월, 미국 라스베이거스에서 열린 국제소비자가전전시회 CES 2020에서 '토요타 시市' 계획을 발표했다. 도요다 아키오 토요타 자동차 사장은 기자회견에서 "2021년 중 일본 중부 시즈오카현에 있는 옛 토요타 자동차 공장터를 재개발해 스마트 시티를 만들겠다."라고 발표했다. 토요타가 만드는 스마트 시티의 이름은 '우븐 시티 Woven City'다. 그물망처럼 촘촘히 짜인 도시라는 뜻으로, 여의도 4분의 1 정도(70만 2,000㎡) 면적에 직원과 그 가족 2,000명이 거주할 예정이다. 우븐 시티에는 3차선 도로가 깔릴 예정인데 그중 하나는 자율주행차만 다닌다. 또 탄소 배출을 줄이기 위해 건물 대부분을 목재로 짓는다. 집주인의 건강을 확인하고 기록하는 로봇이 집 안에 상주하며, 수소전지 기반의 태양광 패널이 집마다 있다. 도시 전체 디자인은 덴마크의 유명 건축가 비야케 잉엘스Bjarke Ingels가 맡는다. 구글의 프로젝트는 실패했으나, 이처럼 일본은 물론 스마트 시티를 건설하려는 움직임은 점진적으로 늘어날 것이다.

프롭테크를 읽는 자가
부동산 시장을 지배한다

코로나19 대유행이 시작되기 직전인 2019년 11월, 뉴욕에 방문한 적이 있었다. 세계 최대 프롭테크 행사로 자리매김한 '뉴욕 부동산 테크 주간NYC Real Estate Tech Week'에 참석하기 위해서였다.

그때 당시 상황은 프롭테크의 대표 주자로 꼽혔던 위워크가 미증시 상장에 실패해 구설수에 휘말리고 있었고, 미국 언론뿐만 아니라 한국 언론까지도 위워크의 몰락을 이야기했다.

사실 그전까지만 해도 국내에서는 2018년 말에 발족한 한국프롭테크포럼의 회원사가 1년 만에 137개로 늘어났고, LG전자, KT 등 대기업도 합류하며 프롭테크 기업들의 움직임이 활발했다. 글로벌 시장에서는 위워크의 기업공개IPO가 예정돼 있었고, 에어비앤비의 IPO 이야기도 나왔다. 국내의 대표 프롭테크 기업 직방의 기업 가치가 1조 원을 앞두고 있었고, 상장 이야기도 나오는 상황이었다.

　일부에서는 위워크의 IPO 실패를 두고 버블 붕괴의 전조 아니냐며 날을 세우기도 했다. 공유 사무실 산업은 물론, 프롭테크까지 모두 거품이 아니냐는 이야기도 나왔다. 프롭테크라는 키워드를 소개하고 수년간 취재해오며 나 역시 '이게 허구는 아닐까?' 하는 생각을 했던 것도 사실이다.

　어쨌거나 이 행사에 참석해 미국은 물론, 유럽, 아시아, 아프리카 등 전 세계 곳곳에서 모인 부동산 회사, 벤처 캐피털, 스타트업, 공공기관 관계자들을 만났다. 일본인들이 특히 많았고, 중국·홍콩 등에서 온 화상華商들도 눈에 띄었다. 이 자리에 온 사람들은 자신감, 열정, 희망이 넘쳤다. 일련의 위워크 사태는 예방주사를 맞은 것이라고도 했다. 2016년부터 매년 이 행사를 주관하고 있는 프롭테크 액셀러레이터 메타프롭의 애런 블록Aaron Block 매니징 디렉터는 "프롭테크 산업은 이제 시작이다. 투자자로서 테크를 맹신하고 싶진 않지만, 시장에는 여전히 많은 자금이 있고, 혁신의 여지도 많이 남아 있다. 프롭테크가 노리는 시장은 매우 큰 시장으로, 5~7년 정도는 더 성장하고 성숙해야 한다. 2018년의 프롭테크가 2013년의 핀테크처럼 될 것이라 본다."라고 말했다.

　나는 이 말에 공감했다. 가장 큰 자산인 부동산을 다루는 시장이다 보니 변화하는 데 오래 걸리겠지만 한번 바뀌고 나면 그 영향은

지대할 것이다. 밀레니엄 세대를 위시한 소비자들은 편리함을 추구하기 때문이다. 블록 디렉터는 기술이 숙박, 금융 등 전통적인 산업을 혁신하는 동안 부동산을 혁신하는 속도는 빠르지 않았는데 이제야 프롭테크가 등장한 이유가 무엇이냐고 묻자 "소비자와 시장 상황이 변했기 때문."이라고 답했다.

이 행사의 기조연설자로 연단에 오른 비키 빈Vicki L. Been 뉴욕시 주택·경제 개발 부시장은 "뉴욕을 프롭테크 수도로 만들겠다. 뉴욕시가 소유·관리하는 부동산을 프롭테크 기업의 테스트베드로 쓸 수 있게 하겠다."라고 공언했다. 구글의 스마트 시티 회사 사이드워크 랩스는 토론토에 스마트 빌딩과 어포더블 하우징, 택배 로봇, 공기 튜브를 이용한 쓰레기 처리 시스템 등을 갖춘 스마트 시티 건설 계획을 발표했다. 이 밖에도 상업용 부동산 자산 관리 솔루션을 통해 건물의 에너지를 절감하려는 기업들, 부동산 자산 관리와 시설 관리, 임대 관리 등을 한꺼번에 처리해주는 플랫폼, 열쇠 없이도 스마트폰을 갖고 있으면 사람을 식별해 문이 열리는 스마트 키 등 다양한 기업들이 서비스들을 선보였다.

이 책을 쓰기로 마음먹은 2019년 중순 이후부터 참 많은 일이 벌어졌다. 앞서 언급한 위워크의 IPO 무산 소식은 큰 뉴스였다. IPO 전 공개된 경영 성적표는 형편없었다. 2018년 매출액은 18억 달러였지만 손실이 19억 달러였다. 2조 원이 넘는 손실이었다. 최고경영자인 아담 노이먼Adam Neumann의 방만한 리더십도 문제가 됐다. 전용 제트기를 타고 다니고, 자신이 소유했던 건물을 위워크에 임대해 비싼 임대료를 받아왔기 때문이다. 470억 달러로 예상됐던 기업 가치는 80억 달러까지 떨어졌다. 업계를 대표하는 스타 기업이 한순간에 쇠락해버리면서 새로운 산업의 유망성에 대해 소개하려던 계획에 어두운 구름을 드리웠다.

　신종 코로나 바이러스(코로나19)는 더 큰 변수였다. 예상치 못했던 바이러스의 대유행으로 전 세계가 경기침체를 겪었다. 여행에 제약이 생겼으며, 국가 간 교류도 줄어들면서 항공·숙박 시장이 고사단계에 이르렀다. 비대면(언택트)이 강화되면서 원격이나 재택근무가 늘고, 사람들이 밖으로 나가질 않으니 외부 소비가 정체됐다.

　에어비앤비는 2020년 상반기에 추진하려던 기업공개 계획을 보류했다(하지만 코로나 진정세를 살핀 에어비앤비는 2020년 8월 비공개로 미국 증권거래위원회에 상장 서류를 제출하며 하반기 증시 진입에 도전했고 12월 상장 직후 주가가 2배 이상 뛰며 성공적으로 시장에 안착했다). 코로나19 확산을 막기 위해 '사회적 거리 두기'로 공유 경제 서비스 소비가 특히 위축되면서 에어비앤비 실적은 맥을 못 췄다. 코로나19가 한창이던 3월 첫째 주 에어비앤비의 예약 건수는 2월 첫째 주와 비교해 유럽과 중국에서 40% 가까이 떨어지기도 했다.

　경제성장률이 마이너스를 기록하면서 자산 시장에도 먹구름이

끼었다. 소비와 생산 영역의 침체는 투자에도 영향을 끼치게 됐고, 새로운 사업의 도약에 어려움을 끼친 것은 물론 스타트업 기업들의 유지와 존속에도 영향을 끼쳤다. 실물 시장에 부정적인 영향을 끼치면서 부동산 시장도 낙관할 수만은 없는 상황이 되었다.

프롭테크 기업도 마찬가지였다. 2020년 4월, 한국프롭테크포럼이 스타트업 44개사를 대상으로 한 실태 조사에 따르면, 32개사(73%)가 코로나19로 비즈니스에 타격을 입었다고 응답했다. 공간 자산을 매개로 하는 프롭테크 특성상 전반적인 경제 활동 위축, 사회적 거리 두기, 건설 및 분양 시장 급랭 등 이런 요소들의 직격탄을 맞았다. 구글의 형제 회사인 사이드워크 랩스는 캐나다 토론토의 수변에 '세계 최초'의 스마트 시티를 짓는다는 키사이드 프로젝트를 추진하고 있었으나, 결국 이를 포기했다. 프로젝트를 그만두게 된 배경에는 도시 정보 수집에 따른 사생활 이슈로 시민들의 지지를 받는 데 실패했기 때문이라는 평이 존재하지만 코로나19가 결정적 계기가 됐음이 분명하다. 댄 닥터로프Dan Doctoroff 사이드워크 랩스 CEO는 "코로나19의 대유행으로 인한 예측 불가능성이 지속된다는 것은 이 프로젝트가 더는 실현 가능하지 않다는 것을 의미한다."라며 공식적으로 프로그램을 종료했다.

그럼에도 내가 이 책을 멈추지 않고 쓴 이유는, 이 위기가 언제 다시 기회로 전환될지 모르기 때문이다. 코로나 영향으로 경기가 침체되고 프롭테크 시장도 당연히 타격을 받았지만, 부동산 시장에도 '언택트'의 바람이 불게 됐고, 이와 관련 있는 프롭테크 기업은 웃지 못할 기회들을 마주하고 있다.

가령 부동산을 직접 찾아가 보지 않고 영상이나 360도 사진을 이용해 랜선으로 집을 둘러보는 것에 관한 관심이 늘고 있다. 미국 부동산 플랫폼 레드핀은 코로나 확산이 최고조에 달했던 2020년 3월, 레드핀의 비디오 홈 투어 요청이 한 주 만에 494%나 늘었다고 했다. 레드핀은 코로나 이전부터 고객이 직접 방문해서 집을 살펴보기 어려운 경우를 대비해 부동산 중개인이 직접 카메라를 들고 영상통화를 하면서 집 구경을 시켜주는 서비스를 진행해왔다.

이때 VR·AR 기술 기업 매터포트가 제작한 3차원 VR 투어 링크에 접속해 키보드로 방을 둘러보는 서비스도 함께 제공했다. 마치 게임이나 로드뷰처럼 집 안 곳곳을 가상으로 움직이며 둘러보는 식이다. 실리콘밸리에서 활약하는 국내 VR·AR 프롭테크 기업 큐픽스도 "코로나로 인한 언택트 흐름에 눈코 뜰 새 없이 바쁘다."라고 분위기를 전했다.

국내의 경우 2030 세대의 패닉바잉 시기와 코로나 일시적 회복기가 겹쳐 집을 보러 나가는 사람들이 늘었지만, 부동산을 찾는 수요자들 역시 모든 부동산을 직접 다 가서 보기보다는 로드뷰나 부동산 정보 애플리케이션을 통해 자신이 원하는 조건의 물건을 먼저 거른 다음 선별된 부동산만 보려고 예약을 잡는 풍조가 생겨나고 있다.

건설 회사에서는 안내원과의 접촉도 최소화하기 위해 모델하우스 입장 가능 인원에 제한을 걸고, 안내원을 로봇으로 대체하고 있다. 어떤 곳은 아예 모델하우스도 사이버 모델하우스로 바꾸고, 계약도 전자계약으로 진행한다. 정부도 이 흐름에 맞춰 VR이나 AI를 활용해 부동산을 중개하고 상담하는 방식을 고려하고 있다. 이미 갖춰놓은 '전자계약시스템'에 계약 전 현장 확인, 물건 설명 등의 과정을 비대면으로 진행하도록 하는 내용의 용역도 발주했다.

그뿐만 아니라 '언택트 부동산'을 자처하는 부동산 회사도 생겼다. 위워크의 창업 멤버이자 위워크 코리아를 이끌던 매튜 샴파인(한국 이름은 차민근) 씨는 '동네'라는 이름의 부동산 중개 회사를 차렸다. 부동산 중개인을 위한 고객 관계 관리CRM 소프트웨어와 부동산 매매·임대 정보 플랫폼을 만들어 부동산 서비스의 질을 높이고, 고객들에게는 이를 기반으로 하는 '컨시어지' 서비스로 전속 중개사를 붙여 원하는 물건을 리포트 형태로 추려주는 것이다. 모든 상담 과정은 구글 행아웃이나 줌 같은 영상통화로 진행되고, 부동산 VR 투어 서비스도 제공한다.

언택트 트렌드는 우리가 일하는 공간의 모습이나 그 방식 자체를 바꾸어 놓았다. 2020년 4월 사람인에 따르면 코로나19 이후 재택근무를 하는 직장인은 22.8%로 나타났고, 이를 다시 기업별로 보면 대기업이 41%, 중견기업이 27.6%, 중소기업이 18.2% 순이었다. 같은 해 7월 한국경제연구원 조사에서는 국내 500대 기업 중 75%가 코로나19로 유연근무제를 새로 도입하거나 확대했다고 했고, 도입한 기업의 51.5%는 코로나19가 진정돼도 이런 근무 방식을 지속하거나 확대하겠다고 답했다. 이에 일부 업체에서는 '탈脫사무실 추세'를 따라갈 기미도 감지되고 있다.

미국 시장조사 업체 CB 인사이트는 보고서를 통해 "포스트 코로나 시대의 사무실은 방역을 철저히 하고, 사회적 거리 두기를 지키며 직원들의 건강도 지키는 방식으로 바뀔 것."이라며 "건물 입구와 로비에서 건물 안으로 들어오기 전 발열 체크를 하는 것은 상시적으로 운영될 것이며, 각종 기술을 통해 엘리베이터 버튼이나 손잡이에 손을 대지 않아도 원하는 곳으로 갈 수 있게 발전할 것이다. 사무 공간에서는 사회적 거리 두기를 지키기 위해 센서가 직원들의 동선을 분석, 물리적 거리가 가까워지면 알람을 보내줄 것이며, 사람들이 자주 쓰는 화장실은 로봇이 청소해줄 것이다."라고 꽤 구체적인 그림을 그리기도 했다.

부동산 시장 그리고 프롭테크 산업은 분명 변곡점을 그리고 있다. 부동산은 더디지만 바뀔 일만 남았다. 편리함을 추구하거나 코로나19로 인한 비대면 서비스, 모바일 영역 등에서 상품을 만들고, 고객을 만나고, 일하는 모든 방식이 디지털로 전환하는 디지털 트랜스포메이션이 가속화되는 상황에서 부동산 시장도 그간의 서비스를 디지털화하는 움직임은 계속될 것이다.

프롭테크 산업 분야가 아직 성숙하지 않았지만, 부동산 시장의 점진적 변화와 기술력을 볼 때 그 성장 가능성은 아주 긍정적이다. 그 신호 중 하나가 세계적으로 투자 규모가 늘고 있다는 점을 들 수 있는데, 미국의 CB 인사이트에 따르면 세계 프롭테크 관련 투자 규모는 2013년 4억 5,000만 달러에서 2018년 78억 달러로 5년 만에 17배나 늘었다. 특히 코로나19 팬데믹으로 디지털 트랜스포메이션이 가속화하면서 미국과 중국 등에는 에어비앤비나 레모네이드, 베이커자오팡 등 프롭테크 유니콘들의 증시 입성과 함께, 질로우·레드핀 등 기업들의 주가 상승도 이어졌다.

우리나라도 기업, 정부 모두 프롭테크 육성에 관심이 많다. 정부는 2020년 4월, 프롭테크를 육성하려는 방안을 마련하는 작업에 착수했으며, 연구는 약 6개월 동안 진행돼 2020년 12월 말쯤 육성방안을 내놓는다는 목표를 설정한다고 밝혔다. 국토부는 우선 미국·일본 등 주요 국가가 프롭테크 산업을 지원하는 현황을 파악해 '한국형 제도'를 마련하는 데 전력을 기울일 계획이다. 또 프롭테크 관련 스타트업과 중소기업에 대한 지원방안도 모색할 예정이다. 국토부 관계자는 "연구 결과를 토대로 단기·중장기 단계별 전략을 짜혁신 로드맵까지 제시할 방침."이라고 밝혔다.[29]

프롭테크는 부동산 시장을 좀 더 쉽고 빠르게 바꿀 것이다. 직접 부동산을 찾지 않아도 부동산을 거래할 수 있고, 물건 탐색에서 대출 승인, 거래 서명까지 수일~수십 일씩 걸리던 거래를 하루 안에 끝내는 날도 언젠가 올 것이라 본다. 집을 찾을 때는 단지 빠르게 찾는 것뿐 아니라 뷰는 좋은지, 해는 잘 드는지, 온도나 습도는 적당하지, 소음은 없는지 등 아주 사소한 요소까지 검색해 더 좋은, 더 잘 지은 집을 찾을 수 있게 될 것이다.

더 나아가 프롭테크 기술 진화의 종착지는 부동산 시장뿐 아니라, 결국 인간을 편리하게 하는 방향을 향하고 있을 것이다. 우리가 영위하는 주거·업무 공간, 도시 공간의 사용자 인터페이스와 사용자 경험을 대폭 개선해나가는 방향으로 말이다. 공간에 스마트 기기들이 심어져, 사람과 소통하는 개인 맞춤형 공간이 나타날 것이고, 현재 여러 도시의 난제인 미세먼지, 전력낭비, 쓰레기 문제 등을 해결할 수 있도록 도시 데이터들을 이용한 최적의 솔루션이 제시될 것이다. 자율주행차나 드론, 플라잉카 등 모빌리티 혁명은 우리가 사는 공간을 더욱 자유롭게 쓸 수 있도록 할 것이다.

자율주행차가 생기면 도심 내 주차공간 문제가 해결될 수 있고,

---

29 2020년 12월 국토교통부는 결국 프롭테크 산업을 집중적으로 육성한다는 내용을 골자로 하는 '제1차 부동산 서비스 산업 진흥 기본계획(2021~2025)'을 발표했다.

한편으로는 주차타워 중심의 부동산 개발이 더 활발해질 수 있다. 드론 기술의 발달로 택배가 하늘을 통해 배달된다면, 더 나아가 누구든 드론 택시를 타고 출퇴근할 수 있게 된다면, 도로의 필요성이 줄어들고 그 대신 더 많은 지상의 공간을 우리에게 편리한 용도로 바꿔 쓸 수 있지 않을까 상상해볼 수도 있다.

글을 마무리하기 전 질문을 하나 던지고 싶다. 최근 당신의 삶을 바꾼 혁신 상품은 무엇이었는가? 많은 사람이 스마트폰을 꼽는 데 주저하지 않을 것 같다. 그렇다면 그다음 혁신 상품은 무엇이 될까? 지금 상황으로는 모빌리티 혁명을 위시한 테슬라 같은 전기차, 스마트 자동차가 후보로 꼽히고 있지만, 개인적으로는 음성비서를 포함하는 스마트 홈을 밀어본다.

또 중요한 건 데이터다. 스마트 공간은 곳곳에 위치한 센서에서 정보를 모아 자원을 효율적으로 쓸 것이다. 하지만 보안은 더 중요하다. 프라이버시를 지키려는 시민들의 행동들은 더욱 강해질 것이고, 이에 프롭테크 회사들도 데이터 관리에 신경을 곤두세워야 할 것이다.

계속되는 저성장·저금리 시대에 열기가 식지 않는 서울 집값, 그 가운데 코로나19 격변의 시기에 부동산 시장의 미래는 어떤 곳으로 흘러가게 될까? 그곳이 어디든, 사람들을 더욱 편리하게 만들고, 상상하지 못한 경험을 선물하며, 비용까지 절감해주는 일은 사라지지 않을 것이다. 그리고 이것을 더 효과적으로 빠르게 이뤄줄 수 있는 것이 프롭테크다. 이 영역에서 변화의 흐름을 읽고 성공하는 기업이 곧 부동산 시장 전체를 지배하게 될 것이다. 부동산의 진짜 변화는 이제부터다. 부디 당신이 이 책을 통해 그 변화의 실마리를 찾길 바란다.

이 책의 이미지 출처

1. 37쪽: SK텔레콤
2. 59쪽: 어반베이스
3. 60쪽: 호벤 판 미엘로 건축사무소 Houben&Van Mierlo architecten
4. 63쪽: 우아한형제들
5. 64쪽: Qi Ge, Amir Hosein Sakhaei, Howon Lee, Conner K. Dunn, Nicholas X. Fang & Martin L. Dunn, "Multimaterial 4D Printing with Tailorable Shape Memory Polymers", *Scientific Reports*, August 2016.
6. 71쪽: 한국프롭테크포럼
7. 89쪽: 호갱노노
8. 92쪽: 국토교통부, 카카오
9. 95쪽: 디스코
10. 96쪽: 밸류맵
11. 100쪽: 랜드북
12. 108쪽: 어반베이스
13. 142쪽: 에어비앤비(임동선)
14. 214쪽: 프랑스 낭트 대학
15. 217쪽: 저자
16. 252쪽: 사이드워크 랩스
17. 254쪽: 사이드워크 랩스
18. 256쪽: 사이드워크 랩스
19. 258쪽: 사이드워크 랩스

이상빈 | 조선비즈 기자

국내에서 '프롭테크'란 개념을 처음 소개한 프롭테크 전문 저널리스트. 고려대학교에서 심리학과 뇌공학을 공부하고 2016년부터 조선비즈 부동산부, 경제부 금융팀, 조선일보 땅집고 등을 두루 거쳤다.

기자 생활 도중 스타트업에 도전할 정도로 평소 새로운 기술이 가져오는 변화에 지대한 관심이 있었는데, 때마침 자본과 정보 일색이던 부동산 시장에도 IT 기술이 침투해가는 걸 목격하며 호기심이 일었고, 부동산 시장이 점차 혁신적으로 바뀌는 걸 보며 이를 더 많은 사람과 공유하고자 2017년 IT 기술 중심의 부동산 산업을 일컫는 '프롭테크' 기획 기사를 국내에서 처음으로 써, 이 개념을 한국에 소개했다. 그 후 프롭테크와 국내 스마트 시티를 주제로 고려대, 건국대, 미국 미네르바스쿨 등에서 강의 및 강연했으며, IT 기술이 국내외 부동산 시장과 산업을 어떻게 바꿔나가고 있는지 그 생생한 변화의 현장을 지속적으로 지켜보며 밀착 취재했다.

그러나 4년이 흘렀음에도 여전히 '직방'이나 '다방'을 이야기하고 나서 한참을 '프롭테크'가 무엇인지 설명해야 할 정도로 이 개념에 대한 사람들의 인식과 정보 공유가 부족한 걸 보면서 안타까움을 느꼈고, 프롭테크가 시장 참여자들에게 더 많은 기회를 열어줄 수 있다는 것을 알리기 위해 이 책을 쓰게 됐다.

부동산의 미래: 프롭테크

2021년 4월 14일 초판 1쇄   2021년 4월 28일 3쇄 발행

지은이 이상빈
펴낸이 김상현, 최세현   **경영고문** 박시형

책임편집 양수인   **디자인** 임동렬
마케팅 양봉호, 양근모, 권금숙, 임지윤, 이주형, 유미정
디지털콘텐츠 김명래   **경영지원** 김현우, 문경국
해외기획 우정민, 배혜림
펴낸곳 (주)쌤앤파커스   **출판신고** 2006년 9월 25일 제406-2006-000210호
주소 서울시 마포구 월드컵북로 396 누리꿈스퀘어 비즈니스타워 18층
전화 02-6712-9800   **팩스** 02-6712-9810   **이메일** info@smpk.kr

쌤앤파커스(Sam&Parkers)는 독자 여러분의 책에 관한 아이디어와 원고 투고를 설레는 마음으로 기다
리고 있습니다. 책으로 엮기를 원하는 아이디어가 있으신 분은 이메일 book@smpk.kr로 간단한 개요와
취지, 연락처 등을 보내주세요. 머뭇거리지 말고 문을 두드리세요. 길이 열립니다.